Ibiza
Formentera

Marcel Brunnthaler
Patrick Krause

Inhalt

Das Beste zu Beginn
S. 4

Das ist Ibiza
S. 6

Ibiza in Zahlen
S. 8

So schmeckt Ibiza
S. 10

 Ihr Ibiza-Kompass
15 Wege zum direkten Eintauchen in das Inselleben
S. 12

Eivissa und Umgebung
S. 15

Eivissa S. 16

 1 Die ›Alte‹ hat viel zu erzählen – **Eivissas Dalt Vila**
S. 21

Marinas Eivissa und Botafoch
S. 26
Sant Rafel de la Creu S. 29
Talamanca S. 31

 2 Schillernde Clublegenden – **UNVRS und Amnesia**
S. 32

Ses Salines S. 37

 3 Salzige Erlebnisse – **im Naturpark Ses Salines**
S. 40

Der Westen um Sant Josep
S. 43

Die Küste von Sa Caleta bis Es Vedrà S. 44

 4 Magische Orte – **Sa Caleta, Cala d'Hort und Es Vedrà**
S. 46

Die Küste von Es Vedrà bis zur Cala Comte S. 49

 5 Ibizas Bergwelt – **Tagesausflug zum Sa Talaïa**
S. 50

Sant Josep de sa Talaïa S. 52
Sant Agustí des Vedrà S. 53

Sant Antoni und der Norden
S. 55

Sant Antoni de Portmany S. 56

 6 Soundtrack für den Sonnenuntergang – **Café del Mar**
S. 58

 7 Folge dem Ruf der Natur – **Plá de Corona**
S. 62

Santa Agnès de Corona S. 64
Sant Mateu d'Albarca S. 64
Sant Miquel de Balansat S. 65

8 Wasser predigen, Wein trinken – **rund um Sant Mateu** S. 66

Portinatx S. 69

 9 Orgien und Mysterien mitten im Wald – **die Höhle Es Cuieram** S. 70

Rund um Sant Joan de Labritja S. 72

 10 Wochentreff und Insel-Institution – **der Hippiemarkt** S. 74

Sant Carles und Umgebung S. 76

Santa Eulària und die Mitte
S. 79

Santa Eulària des Ríu S. 80

 11 Die Akropolis von Santa Eulària des Ríu – **Puig de Missa** S. 82

Santa Gertrudis de Fruitera S. 86

 12 Ab durch die Weltküchen – **die ›Restaurant Road‹** S. 88

13 Wehrdorf wird Weltarchitektur – **Balàfia** S. 92

Formentera
S. 95

Reif für die Vintage-Insel S. 96
La Savina S. 97
Die Nordspitze S. 98

 14 Süßes Leben in Klein-Karibien – **Platja de Migjorn** S. 100

Es Pujols S. 102
Sant Ferran de ses Roques S. 102
Sant Francesc Xavier S. 103
Es Caló de Sant Agustí S. 104

 15 Lichter am Ende der Welt – **Far de la Mola und Far de Barbaria** S. 106

Hin & weg S. 108

O-Ton Ibiza S. 114

Register S. 115

Abbildungsnachweis/Impressum S. 119

Kennen Sie die? S. 120

Das Beste zu Beginn

Ibiza selbst entdecken
Wer nach Ibiza fährt, um nur Party zu machen, ist selber schuld – weil man vom Rest der facettenreichsten aller Balearen-Inseln so kaum etwas mitbekommt. Besser sich Blumen ins Haar stecken, Sarong oder Wanderschuhe einpacken, 56 offizielle Buchten genießen – und wenn's ans Feiern geht, in den Chiringuitos und Beachbars einkehren.

›Schinkenstraße‹ à la Ibiza
Ibiza ist bunt und umarmt alle vom Hippie bis zum Schicki. Unter den hängenden Schinken in der Bar Costa in **Santa Gertrudis** sind alle gleich. Ideal auch im Winter, da wärmt man sich drinnen am gemütlichen Feuer und an Bildern, mit denen Künstler ihren Deckel bezahlt haben.

Wo die Mauren mauerten
Einer der schönsten Orte der Insel ist die maurische Wasseranlage **Es Broll** im Inselinneren. Sie dient immer noch als Wasserspeicher und ›befruchtet‹ die gesamte Umgebung, was man schon an den vielen Orangen- und Zitronenbäumen ringsum sieht. Mitten im Wald, totenruhig, magisch.

Meine liebsten Zuckerwürfel
Das Kuben-Arrangement **Balàfia** liegt an der ›Restaurant Road‹ EI-300. Wenn geheiratet wurde oder sich Nachwuchs einstellte, kam einfach ein Würfelchen hinzu – fertig war die Bauhaus-Vorlage. Und danach hat man an der Straße die Qual der Wahl aus ibizenkischer und internationaler Küche.

Ibiza mittendrin statt nur davor?
Mal unter kundigen Einheimischen-Augen den eigenen *hierbas ibicenca* ansetzen? Auf der Bio-Farm Can Muson bei Santa Eulària kann man den mit mindestens 17 Inselkräutern verfeinerten Anislikör selber machen. Info: www.ibizacanmuson.com.

Das Beste zu Beginn

Go West for Sunset!

Wer nicht ohnehin gen Westen am Strand liegt, packt zur Dämmerung flott die Sachen und ›strömt‹ mit vielen anderen zu einem Chill-out, um Mutter Sonne zuzugucken, wie sie das Wasser küsst. Dafür gibt es synchrone DJ-Dramaturgie, Applaus vom Publikum und nicht selten spontane Partys. Unter uns: Das **Café del Mar** ist längst nicht mehr, was es einmal war. Im **Chiringuito Escondia** in der Cala Comte oder in der Cala Benirràs kommen Sie viel eher auf Ihre Kosten …

Nackt im Wind

Wenn es um unbeschwerten Lässig-Urlaub geht, ist **Formentera** die Steigerung von Ibiza. Statt Club, Aktivurlaub oder Sehenswürdigkeiten abzuklappern einfach von morgens bis abends an einem der Chiringuito genannten Beachbars abhängen, ab und zu ins karibische Wasser der **Platja de Migjorn** hüpfen und mit dem Motorroller durch die Gegend brettern, nichts müssen, nichts brauchen – das ist kein Urlaub, das sind Ferien!

Ibiza ist …

die Keimzelle von *la vida loca*, u. a. ausführlich in der Mystery-Serie »White Lines« dokumentiert. Sich auf Partys verlieren, irgendwo aufwachen und weiterfeiern geht immer gut, wenn man rechtzeitig den Absprung schafft …

… so viel mehr als nur Party

Jens Rosteck erzählt in »Mein Ibiza. Eine Lebensreise« (mare) die bisweilen surrealen Geschichten der Insel und vermittelt Einblicke in ihre vielen Parallelwelten. Genießen Sie dieses Potpourri atmosphärischer Momentaufnahmen am besten vor Ort.

Auch wenn Ibiza sich treu bleibt, die Insel erfindet sich ständig neu. Daher raten wir, Marcel Brunnthaler (Abb. o.) und Patrick Krause (Abb. u.): Adressen immer prüfen und Änderungen gerne melden.

Fragen? Erfahrungen? Ideen?

Wir freuen uns auf Post.

 Unser Postfach bei DuMont:
brunnthaler@dumontreise.de

Das ist Ibiza

Schon im Anflug auf Ibiza (80 % aller Gäste kommen mit dem Flugzeug) wird Ihnen vermutlich beim Blick durch die Fenster klar: Das ist nicht Mallorca. Statt des Gebirges und der weiten, flachen Ebene der ›größeren‹ (lat. *major)* Insel liegt da unten im Meer ein überschaubares Eiland voller Hügel, mit Tausenden weißer Pünktchen darin: die typischen kubischen Gebäude, wegen der Ibiza auch ›weiße Insel‹ genannt wird. Plötzlich wuchtet sich entlang des Ufers eine braune Ringfestung auf – Eivissas Oberstadt, die Dalt Vila. Kurz vor der Landung geht es über die beiden Megaclubs Ushuaïa und DC-10. Oder der Flieger macht, je nach Windrichtung, eine Schleife vorbei an Formentera und Es Vedrà. Unten liegen nun mal pinke, mal weiße Felder – die Salzseen, die der Insel ersten Wohlstand bescherten. Noch über dem Wasser setzt der Pilot zur Landung an. Fährt man schließlich mit Bus, Taxi oder Mietwagen auf die Hauptstadt zu, leuchtet grell und frech die Werbung für das Ushuaïa und das Hard Rock Hotel am Partystrand Platja d'en Bossa herüber – na dann gute Nacht, zum Schlafen wohnt man da nicht. Die bunt angezogenen Mitflieger verlieren sich bald auf den Landstraßen, vielleicht geht's auch für Sie durchs Stockfinstere und jede Menge Schlaglöcher dorthin, wo man nichts mehr erwartet, zu einer Finca oder einem Agroturismo. Und dann ist man mit Ibiza allein. Kaum steigt Pinienduft oder der Geschmack von Wein, Aioli oder frischen Kräutern in die Nase, ist man angekommen und möchte sich in seiner Teilzeit-Heimat umschauen.

Vier ›Kartons‹ und eine kleine Schwester

Ibiza ist alles andere als monothematisch. Die Insel wurde nach ihrer Rückeroberung durch die Christen (Reconquista) im Jahr 1235 in vier Viertel *(quartons,* von derselben Quelle kommt das Wort ›Karton‹) eingeteilt, die praktischerweise heute noch den Rahmen der vier großen Gemeinden bilden: Sant Antoni de Portmany, Sant Joan de Labritja, Sant Josep de sa Talaia und Santa Eulària des Riu – plus die Hauptstadt Eivissa und die kleinere Nachbarinsel Formentera. Je nachdem, wo man gelandet ist, dominiert in jedem ›Karton‹ ein spezieller Reiz. Ganz grob gesagt: Die Gemeinde **Sant Josep de sa Talaia** im Süden (da sind Sie mit dem Flugzeug gelandet) ist die bevorzugte Heimat der Strand-*kioscos:* Büdchen, die nicht selten zu schicken Restaurants oder Beachclubs herangewachsen sind. Im Westen um **Sant Antoni de Portmany** muss man sich ein wenig von britischen Feiergästen wegorientieren. Die Traumbuchten drumherum bieten aber wohltuenden Ausgleich. Im Inselnorden um **Sant Joan de Labritja** herrscht wesentlich mehr Ruhe. Hier ist die Natur noch am meisten sich selbst überlassen, Fincas und Hippies prägen die Szenerie, tiefer Frieden breitet sich über die Ebenen und die weitläufigen Täler. Im Unterschied zum vor allem bei Familien und insbesondere Deutschen beliebten Städtchen **Santa Eulària des Ríu** mit seinen Sandstränden entlang der Ostküste und der Hauptstadt **Eivissa,** wo sich Touristen, Angeber und Ableger die Knöpfe abtreten: die Touristen, die der großen alten Dame ›Dalt Vila‹ einen Besuch abstatten, die Poser, die sich gegenüber an der Chichi-Meile der **Marina Botafoch** teuren Schampus

Das ist Ibiza

Schwer im Kommen: Eivissas ehemaliges Fischerviertel Sa Penya

bestellen, und alle, die im Hafen auf die nächste Fähre nach **Formentera** warten. Diese ›kleine Schwester Ibizas‹ muss man sich wiederum wie die alte Hippie-Insel Ibiza der 1970er-/1980er-Jahre vorstellen: Alles Glück dieser Welt passt plötzlich in eine Sporttasche, auf dem Roller zwischen die Beine geklemmt. Luft, Liebe und Weltweisheiten zum Abendbier gibt's gratis.

Wo bin ich hier gelandet?

Vielleicht liegt es an den zahlreichen Kulturen, die im Laufe der letzten drei Jahrtausende über Ibiza hinweggerutscht sind, dass Ibiza ein unfassbar liberales Klima aufweist: Phönizier, Römer, Vandalen, Mauren, ach ja, Spanier respektive Katalanen. Weiter ging's mit Hippies, Touris, Promis oder sonstwas, egal: Du bist immer herzlich willkommen – und bei längerem Aufenthalt nicht nur geduldet, sondern wirst selbst Teil der Gesellschaft. Ibizas ungeschriebenes Gesetz lautet: »Du kannst tun, was du möchtest, solange du auch andere tun lässt, was sie wollen – und es niemandem schadet.« Das hat die Insel auch geformt, als um 1930 die ersten britischen Touristen noch mit Handschlag am Hafen begrüßt wurden, oder als man die vor Franco Flüchtenden schützend aufnahm, die Hippies gesellschaftlichen Zwängen entkamen, auf welche wiederum die Party- und Technofreunde folgten. Wie sagt doch der wohlhabende Single Will in Nick Hornbys Roman »About a Boy«: »Wenn wirklich jeder Mensch eine Insel ist, dann will ich Ibiza sein.« Sagen wir mal so: Langfristige Aussteiger und sehr kurzfristig in Großdiskotheken zappelnde Techno-Freunde, die sich den Namen ihres Hotels zur Sicherheit mit Edding auf den Arm notieren, bilden die beiden Pole, zwischen denen man auf Ibiza sehr viel Schönes erleben kann. Auf jeden Fall wird es abwechslungsreich, egal wo Sie gelandet sind!

Ibiza in Zahlen

0
Verkehrsampeln gibt es sage und schreibe auf Formentera.

4
Inselorte werden von der UNESCO zum Welterbe gezählt: Eivissas Festungsstadt Dalt Vila, die karthagische Nekropole Es Puig des Molins, die Siedlung Sa Caleta und das Naturschutzgebiet Ses Salines mit den größten Seegraswiesen des Mittelmeers.

5
Campingplätze und einen Golfplatz gibt es auf der Insel.

5 von 25
In den weltweiten Clubcharts des DJ Mag« tauchen in den Top 25 immer die Ibiza-Clubs Hï, Ushuaïa, Pacha, Amnesia und DC-10 auf.

12
Weintrauben isst man in der Silvesternacht – je eine zu jedem Glockenschlag. Das bringt Glück fürs neue Jahr.

17
Kräuter der Insel stecken in dem ibizenkischen Anislikör Hierbas. Mindestens.

20
Prozent aller Bewohner sind Ausländer, drei Prozent von ihnen Deutsche.

56
Buchten verzeichnet Ibiza offiziell.

54
Prozent aller englischen Clubbesucher auf Ibiza probieren laut Statistik dort Drogen aus (Mallorca 14 Prozent).

82

(mas o menos) Meilen beträgt die kürzeste Distanz zum afrikanischen und spanischen Festland.

210

Küstenkilometer lässt hinter sich, wer die Insel komplett umrundet. Zu Fuß geht das in rund zwölf Tagen.

572

Quadratkilometer beträgt die Fläche von Ibiza (Formentera 82,5 Quadratkilometer), rund ein Fünftel der Größe Mallorcas.

169 870

Menschen wohnen dauerhaft auf Ibiza und Formentera.

3000

invasive Schlangen etwa werden inzwischen jährlich auf Ibiza gefangen, um die heimischen Eidechsen vor dem Aussterben zu retten.

1600

Sneakers von Nike besitzt der Chef des Plattenladens Ibiza Delta Discos in Elvissa: die größte Sammlung Europas. Joan de Deltas wertvollstes Paar wurde von Rapper Kanye West entworfen, hat mal 285 € gekostet und wird nun auf 118 000 € geschätzt.

3 400 000

Touristen besuchen Ibiza und Formentera pro Jahr, die meisten vom spanischen Festland. Knapp dahinter liegen die Briten, gefolgt von den Italienern, den Niederländern und den Deutschen.

15 000

Menschen können sich gleichzeitig in der größten Megadisco der Welt vergnügen, dem UNVRS (Ex-Privilege).

300

Sonnentage verwöhnen Ibiza und Formentera jedes Jahr.

So schmeckt Ibiza

Eine grobe *sobrasada*-Paprikawurst zum Anschneiden, Oliven, Knoblauch und Kräuter, Wein zum ›Eingetopften‹ von Fisch und Fleisch – das könnte dem Ibizenker so schmecken. Dank der zahlreichen Zuwanderer kommen dann noch Einflüsse aus aller Herren Länder um die Ecke, die im MediterrAsian Style ihre wahre Cosmo-Küche finden und auf der ganzen Linie prickelnde Gaumenfreuden spenden.

Ein typisch ibizenkisches Essen beginnt mit ungefragt aufgetischten Oliven (meist in Thymian eingelegt), *allioli* und Brot. Im nächsten Gang wird ein deftiger Fleisch- oder Fischeintopf serviert, gefolgt von einem süßen *flaó* aus Ei und Schafskäse, der stark mit Anis und frischer Minze gewürzt wird, oder *greixonera*, einem leckerem Puddingkuchen, der aus *ensaïmades*, dem schmalzigen Trockengebäck, hergestellt wird. Um das alles hervorragend zu überstehen, schenkt der stolze Gastgeber dann noch einen *frígola* (Thymianlikör) aus, aber meistens *hierbas*, den typischen Ibiza-Likör. Tortillas, Paellas und Fischgerichte aller Art gibt es ebenso wie ›Italiener‹ und ›Japaner‹.

Das kommt mir asiatisch vor

Die neueste Küche ist der leichtere MediterrAsian Style, wie er in Beachclubs und hippen Restaurants wie in der Cala Jondal, an der Platja de Ses Salines, im Restaurant des Hotels Nobu oder im Bambuddha präsentiert wird – etwa Ceviche (roher marinierter Weißfisch) mit Mais, Passions- und Drachenfrucht sowie Orange-Campari-Kandis auf einem Blutorange-Tigermilch-Koriander-Dressing. Noch Fragen?

Ja, und wohin jetzt?

Gut essen kann man auf der ganzen Insel, aber an der ›**Restaurant Road**‹ (▶ S. 88) entlang und im nahen ›Restaurantdorf‹ Santa Gertrudis ›erfährt‹ man sich das ganze kulinarische Programm Ibizas.

Tapas, die kleinen ›Schweinereien‹

Ibizas Küche gibt's auch in der Nussschale respektive im Tonschälchen als *tapas* (›Deckel‹), die in Bars serviert

---

DAS IST TYPISCH!

arròs de matances: Schlachtplatte auf Reis, meistens mit Schwein oder auch Lamm und Gemüse
arròs a la marinera: ibizenkische Paella-Variante mit Meeresfrüchten
borrida de rajada: Fischgericht aus Rochen, Kartoffeln, Fischsud, Mandelsoße, Knoblauch und einem Schuss Pastis oder Absinth
caldereta de Llagosta: Langustensuppe

empanades: mit Fleisch, Fisch oder Erbsen gefüllte Teigtaschen
guisat de peix: Fischeintopf aus der Pfanne
peix sec: luftgetrockneter Stockfisch, wie er sich manchmal in Salaten findet
sofrit pagès: herzhafter, safrangelber ›Bauerneintopf‹ aus Lamm und Huhn mit Kartoffeln, Zwiebeln, Paprika, Bohnen und Knoblauch

So schmeckt Ibiza

Kulinarischer Klassiker zum Einstieg: Brot, Allioli und gewürzte Oliven

werden: Fisch, Fleisch, Kartoffeln, Gemüse im Mix – alle möglichen Variationen zaubert Muttern da aus der Küche. Dazu eine *copa* (›Glas‹) Wein oder Bier, das macht glücklich! Gängig ist etwa *pa amb tomate* (Brot, das mit Öl, Tomate und Knoblauch eingerieben wird), darauf luftgetrockneter *pernil serrà* oder sogar *pernil ibèric*, der von schwarzen Schweinen stammende Schinken, oder auch *sardines*.

Unbedingt probieren: Hierbas

Ibizas *hierbas* (span. ›Kräuter‹) ist vollkommen anders als seine süßlichen Kollegen vom Festland. Während diese eher in die zitronige Limoncello-Richtung tendieren, ziehen viele Gastgeber ihren Likör aus den Kräutern der Insel selbst und stellen ihn oft stolz mit der Rechnung auf den Tisch. Er soll gesund sein und sogar Liebeskummer heilen!

Gefundene Fressen

Wir sind keine Freunde von Aussagen wie »Die beste Pizza der Stadt«, das erledigen andere. Die beste Paella Ibizas wird aber laut Eigenaussage in dem für seinen Traumausblick bekannten **Es Boldado** (▶ S. 48, Cala d'Hort) zubereitet. Schwer damit konkurriert die Paella im **Sa Caleta** (▶ S. 44, Platja d'es Bol Nou). Toni im **C'an Cosmí** (▶ S. 63, Santa Agnès) serviert die beste Tortilla der Insel. Das legendäre **El Bigote** (▶ S. 77, Cala Mastella) bietet täglich in zwei Schichten zuerst eine Fischplatte und dann einen *bullit de peix* für alle an (keine Widerrede) – unbedingt reservieren, sonst ergeht es Ihnen wie dem spanischen König, der wieder nach Hause geschickt wurde!

Á la Ibiza

Ibiza zu Hause nachkochen? Nichts leichter als das. Da empfehlen wir »Ibiza Land and Sea« (Abrams Books) von Françoise Pialoux vom Restaurant Les Terrasses, die den Geschmack Ibizas kulinarisch und dekorativ in die Küche bringt, oder »Ibiza Cooking« (Harper Collins) von Anne Sijmonsbergen, die im El Portalon in Eivissa kocht.

P PREISE

So viel kostet in etwa ein Hauptgericht oder Menü:
€ unter 25 Euro
€€ 25 bis 35 Euro
€€€ über 35 Euro

Ihr Ibiza-Kompass

Herauskatapultiert aus dem Hauptstadt-Hurrikan

WOMIT FANGE ICH AN?

KUL(T)

MEDITIEREN MIT FLAMINGOS

#1
Die ›Alte‹ hat viel zu erzählen – **Eivissas Dalt Vila**

#2
Schillernde Club-legenden – **UNVRS und Amnesia**

#3
Salzige Erlebnisse – **im Naturpark Ses Salines**

Lass' dich fallen, Lucía!

LIFE IS A BEACH

ARCHITEKTUR OHNE ARCHITEKT

Decade of Decadence

#15
Lichter am Ende der Welt – **Far de la Mola und Far de la Barbaria**

#14
Süßes Leben in Klein-Karibien – **Platja de Migjorn**

#13
Wehrdorf wird Weltarchitektur – **Balàfia**

#12
Ab durch die Weltküchen – **die ›Restaurant Road‹**

15 Wege zum direkten Eintauchen in das Inselleben

#4
Magische Orte – **Sa Caleta, Cala d'Hort und Es Verdrà**

#5
Ibizas Bergwelt – **Tagesausflug zum Sa Talaïa de Sant Josep**

magnetisch

Rendezvous mit der Ginsterkatze

#6
Soundtrack für den Sonnenuntergang – **Café del Mar**

»ICH WEISS AUCH NICHT, WAS GLEICH PASSIERT«

Ganz schön bizarr!

#7
Folge dem Ruf der Natur – **Plá de Corona**

ÖKO VON GESTERN →

#8
Wasser predigen, Wein trinken – **rund um Sant Mateu**

GROSSES KOPFKINO

Los Peluts

Die Langhaarigen

#9
Orgien und Mysterien mitten im Wald – **Es Cuieram**

Ganz in Weiß

#11
Die Akropolis von Santa Eulària des Ríu – **Puig de Missa**

#10
Wochentreff und Insel-Institution – **der Hippiemarkt**

Eivissa und Umgebung

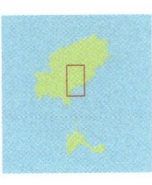

Der Namensvetterin der Insel sollte man unbedingt einen Besuch abstatten, selbst wenn der Urlaub mehr Strand und Meer gewidmet ist. Und sei es, um eine aktuelle Tageszeitung aus der Heimat an Ibizas Paradeplatz bei einem lecker' Eis zu lesen – oder zu beobachten, wie noch vom Alltag unentspannte Durchreisende versuchen, im letzten Moment eine Formentera-Fähre zu erwischen. Außerdem gibt es für den Studiosus-Urlauber einen ganzen ›Haufen‹ Altstadt, und Amüsierwillige sind dankbar, dass Bars und einige Tanztempel ohne Auto angesteuert werden können.

Eivissa und Umgebung ▶ Eivissa

Eivissa 🗺 F 6

Eigentlich heißen Stadt und Insel seit der Katalanisierung Eivissa. Unter anderem den Touristen zuliebe bleibt der Name bei der 50 000-Einwohner-Hauptstadt angesiedelt. Phönizier, Römer, Vandalen, Mauren, Katalanen, englische, deutsche, italienische Touristen: Fremde Kulturen prägen seit jeher das Bild. Eivissas Besucher werden nicht enttäuscht: Direkt am Hafen liegt die quirlige Altstadt, hinter den dicken Mauern von Europas besterhaltener Festung die Oberstadt Dalt Vila. Wer sich etwas Zeit nimmt, erlebt zwischen Boulevards, den Skelettgräbern vom Puig des Molins und gentrifizierten Drogenvierteln jede Menge Abwechslung.

WAS TUN IN EIVISSA?

Die ›Alte‹ hat viel zu erzählen
Eivissas **Dalt Vila** (1 – 6 ▶ S. 21), die das Stadtbild prägende, UNESCO-gekrönte Oberstadt, ist ohne Zweifel einen Besuch wert. Sie ist mit Ausnahme der Bars, Läden und Lokale an der Plaça de Vila und der Plaça del Sol eine Art Freilichtmuseum, durch dicke Festungsmauern von der übrigen Stadt getrennt.

Lebendige Kunstszene
Die Macher des **Museu d'Art Contemporani d'Eivissa** 7 (MACE) in der Altstadt rücken das lebendige Kunstschaffen auf der Insel in den Fokus, mit Ausstellungsplakaten aus den 1960er-Jahren oder Ausstellungen etwa über die Künstlerenklave Grupo Ibiza 59. Außerdem werden archäologische Fundamente der Kulturen zurück bis 600 v. Chr. eindrucksvoll aufgeschichtet (das Urgebäude stammt aus dem 18. Jh.). Zum Museum gehört auch die **Casa Broner** 8 (▶ unten).
Carrer Ronda Narcís Puget, am Baluard de Sant Joan, www.eivissa.es/mace, April–Juni, Sept. Di–Fr 10–14, 17–20, Sa/So 10–14, Juli/Aug. Di–Fr 10–14, 18–21, Sa/So 10–14, Okt.–März Di–Fr 10–16.30, Sa/So 10–14 Uhr, Fei geschl., Eintritt frei

Gut zu Fuß?
Dann besuchen Sie doch das einstige Zuhause von Erwin Broner (1898–1971), die **Casa Broner** 8. Hereinspaziert in die privaten Gemächer des Münchners, der Harmonie im modernen Bauhaus-Stil zelebriert. Alle Möbel hat der kleine ›deutsche Corbusier‹, der 1934 vor den Nazis nach Ibiza floh, für das Haus selbst hergestellt, auch die Kunstwerke stammen von ihm. Broner, der Ibiza-59-Gründer, entwarf auf Ibiza rund 50 Häuser im Bauhaus-Stil.
Sa Penya, Carreró de l'Estrella, 3 (Carrer de la Mare de Déu hinauf, nach der Principe Boutique rechts), Website/Zeiten wie Museu D'Art Contemporani, Eintritt frei

Einmal ganz herum
Wer es etwas sportlicher angehen möchte, kann die Dalt Vila entlang der **Festungsmauer** umrunden – dabei bieten sich wunderschöne Blicke über den Hafen, etwa vom **Baluard de Santa Tecla** 9. Sowohl vom **Baluard de Sant Bernat** als auch vom **Baluard de Sant Jordi** sieht man die Platja d'en Bossa,

PARKEN

Ein riesiger Stadtparkplatz befindet sich hinter der Häuserfront gegenüber dem Ablegerhafen (ausgeschildert). Kurzparken ist an den mit Parkautomaten versehenen Stellen möglich (max. 2 Std., Abschlepper sind schnell zur Stelle). Die Gebühren zum Kurzzeitparken liegen im Cent-Bereich! Zum Registrieren muss man das Nummernschild angeben. Wer etwas zu spät zurückkehrt, hat bis zu einer Stunde nach Ablauf die Chance, mit dem AD-Knopf am Automaten an Ort und Stelle eine geringe Strafgebühr zu zahlen. Danach wird es teuer!

Eivissa und Umgebung ▶ Eivissa

Putzt sich bei Festen gern heraus: Eivissas Oberstadt, die Dalt Vila

die Salinen und Formentera. Auf dem **Baluard de Sant Jaume** 10 stehen Kanonen, sodass man ein Gefühl dafür bekommt, wie es hier früher zuging. Der noch tiefer liegende **Baluard de Sant Pere** dient Ausstellungszwecken. Nicht wundern: Zwischen dem Baluard de Sant Pere und dem Baluard de Santa Llúcia verläuft auf der Mauer eine Autostraße.

Auf zu den Puniern

Außerhalb des Festungsrings empfehlen sich die erst 1936 zufällig gefundenen **Punischen Grabkammern** 11, die westlich von der Dalt Vila einen ganzen Hügel überziehen, den **Puig des Molins** ›Mühlenberg‹. Hier stehen tatsächlich noch vier Mühlen wie zu Don Quichotes Zeiten, wenige von vielen, die dort oben bis ins 15. Jh. hinein im Wind ihre Runden drehten. Die karthagischen Grabstätten liegen unterhalb davon und bilden mit einer Fläche von ungefähr 50 000 m² und rund 3500 Grabkammern den größten Karthager-Friedhof der damaligen Welt – und ein gewichtiges Argument, Ibiza in das Weltkulturerbe aufzunehmen. Bevor man in den gespenstischen Gräbern der Totenstadt herumstiefelt und sich von Plastikskeletten erschrecken lässt, ist das noch recht neue, schon von der Architektur her großartige angrenzende **Monografische Museum** 12 ein idealer Einstieg. Es gehört zum **Archäologischen Museum** 4 (▶ S. 21) in der Dalt Vila und besitzt die wohl umfangreichste Sammlung punischer Funde im Mittelmeerraum, etwa aller Tanit-Figuren auf Ibiza – jener punischen Fruchtbarkeitsgöttin, die auf alternativen Ibiza-Flaggen flattert. So sind auch die Tanits aus der Höhle Es Cuieram im Norden ausgestellt, wo manche Hippies sie bis heute verehren. Außerdem vermittelt das Museum einen interessanten Überblick über den Umgang nachfolgender Ibiza-Kulturen mit dem Tod.

Via Romana, 31, T 971 30 17 71, www.maef.es, Di–Do 9–15, Fr 9–15, 17–20, Sa 9–14, So 10–14 Uhr, Fei geschl., 2,40 €, So Eintritt frei

---

SCHLEMMEN, SHOPPEN, SCHLAFEN

 In fremden Betten

Unter uns: In Elvissas Altstadt kann man mal für eine Nacht oder auf der Hochzeitsreise übernachten. Die wenigen Ho-

EIVISSA

Sehenswert
1. Plaça de la Catedral
2. Castell Almudaina
3. S. María de les Neus
4. Museu Arqueològic
5. Carrer Pere Tur
6. Capilla de S. Ciriac
7. Museu d'Art Contemporani
8. Casa Broner
9. Baluard de Santa Tecla
10. Baluard de Sant Jaume
11. Punische Grabkammern
12. Monograf. Museum

In fremden Betten
1. La Torre del Canónigo
2. Los Molinos
3. Urban Spaces Ibiza
4. Hostal marblau
5. Hotel Cenit

Satt & glücklich
1. Ca N'Alfredo
2. El Olivo Mio
3. La Plaza
4. Sa Vida
5. Fruteria

6. Taller Sa Penya
7. Chidas bar+cantina
8. Locals Only
9. Maison Le Vrai
10. Madagascar
11. La Brasa
12. Simbiosis
13. The Standard Ibiza
14. Los Valencianos
15. Café Mar y Sol

Stöbern & entdecken
1. Lovy Ibiza
2. Annie's
3. Holala
4. Divina
5. Vila Vins
6. Angel's Shop
7. DC-10
8. Ushuaïa Official Store
9. Pachá Merchandising
10. Natura Ibiza

Wenn die Nacht beginnt
1. Vermuteria Casa Lucas
2. Born
3. La Taberna del Parque
4. Dilo
5. Sidreria Poma
6. Teatro Pereyra

tels sind recht klassisch, traditionell, ja, hochromantisch – aber nicht so direkt zum Urlauben gedacht. Nicht nur wegen der Preise, auch weil die Hotels nicht mit Strand und Sand in Verbindung zu bringen sind. Hier residiert man in der historischen Altstadt, liegt in luxuriösen Zimmern und genießt einen Lebensstil, wie man ihn in einer Großstadt, aber eben nicht in einem Badeort vorfindet.

Hier lässt man's krachen
La Torre del Canónigo 1
Der ›Kanonenturm‹ ist ein aus dem 14. Jh. stammendes Designhotel mit acht Zimmern und zwei Apartments weit oberhalb der Stadt. Man hat das Hotelambiente um einen Pool und eine Chill-Area erweitert, von der aus Sie Eivissa in seinem vollen Glanz genießen. Im hauseigenen Restaurant Kyupiddo japanische Fusionsküche.
Carrer Mayor, 8, T 971 30 38 84, www.latorredelcanonigo.com, April–Dez., €€€

Zum Durchatmen
Los Molinos 2
Die Fenster auf und dann dieser Blick: Bewährt und renoviert liegt das Hotel in idealer Lage auf dem Mühlenhügel. Die schönsten Zimmer richten sich natürlich zum Meer hin aus und bieten einen direkten Blick darauf. Ein großer Pool unter Bäumen verleiht dem Hotel einen mondänen Touch. Inklusive Heizung, Sauna und Fitnessraum.
Carrer Ramón Muntaner, 60, T 971 30 22 50, www.thbhotels.com, ganzjährig, €€

Kunst im Schlafzimmer
Urban Spaces Ibiza 3

Jedes Zimmer des hippen Boutiquehotels gleich am Monografischen Museum ist von einem Street-Art-Maler gestaltet worden – manchmal anstrengend, aber die weichen Betten sorgen für guten Schlaf.

Via Púnica, 32, T 971 57 75 98, www.hotelmania.net, €€

Überblick
Hostal marblau 4

›Blau‹ heißt auch auf Katalanisch ›blau‹: 500 m vom Zentrum versteckt hinter einer alten Mühle liegt Ibizas originales Post-Bauhaus-Hostal mit unbezahlbarem Blick über Stadt und Meer: Das einfache, aber renovierte Familienhotel mit langer Tradition hoch oben über der Stadt hat 28 Zimmer, davon zehn Apartments mit Blick aufs Meer und bis nach Formentera.

Los Molinos, Puig des Molins, T 971 30 12 84, www.marblauibiza.com, Winter geschl., €

Hier ist oben
Hotel Cenit 5

Nomen est omen, könnte man sagen – oder: besser geht's nicht. Das 1959 mit Bauhaus-Touch erbaute Hotel auf dem Puig des Molins mit Infinitypool und Mobiliar im reduzierten Bauhausstil bietet eine grandiose Aussicht – sowohl auf die See als auch auf das lockende Nachtleben zu Füßen der Unterkunft.

Carrer Archiduque Luís Salvador, s/n, T 971 30 40 93, Winter geschl., €–€€

Eivissa und Umgebung ▶ Eivissa

Satt & glücklich

Altbewährt
Ca N'Alfredo ❶
Das älteste Restaurant der Insel zählt nach wie vor zu den besten. Gegründet wurde es 1934 vom deutschen Flüchtling Alfred, aber keine Angst: Es gibt Ibiza-Küche statt Sauerkraut, und zwar unverfälscht nach alten Rezepten und auf höchstem Niveau.
Passeig de Vara de Rey, 16, T 971 31 12 74, www.canalfredo.com, Sommer Di–So 13–17, 20–1, Winter Di–Sa 13–17, 20–1, So 13–17 Uhr, €€

Französisch
El Olivo Mio ❷
Rita Sachs hat sich nach dem Sa Punta in Talamanca (▶ S. 36) dieses traditionsreiche Lokal in der Dalt Vila zugelegt. Auf die Tische kommt feine Mittelmeerküche.
Plaça de Vila, 9, T 971 30 06 80, www.elolivoibiza.com, April–Okt. tgl. 18–24 Uhr, Winter geschl., €€

Elegant
La Plaza ❸
Der Argentinier Marcelo und seine brasilianische Frau Veronica übernahmen das Lokal 2016. Serviert wird eine gehobene Küche. Gar nicht abgehoben sind die Preise des elegantesten Lokals am Platz.
Dalt Vila, Plaça de Vila, 18, T 971 30 76 17, www.laplazaibiza.com, tgl. 12–0.30 Uhr, Winter geschl., €–€€

So einfach kann das Leben sein
Sa Vida ❹
Raffinierte, leidenschaftliche Küche zum kleinen Preis – kein Wunder, dass die Bude von Chefkoch Anatoli Goranov und Sommelier Angel Ruiz zu jeder Tageszeit gut besucht ist.
Carrer del Bisbe Carrasco, 14, T 663 37 68 21, https://sa-vida.es, tgl. 13–24 Uhr, €€

V wie Veggie
Fruteria im Es Tap Nou ❺
Essen wie in heimischen urbanen Blasen? Frisch gepresste Säfte und Smoothies sowie Salate und gesunde Snacks gibt's in der Fruteria im Es Tap Nou, dem wohl besten und preiswertesten vegetarischen Lokal der Stadt.
Carrer de Madrid, 18, www.fb.com/estapnou, Mo–Sa 7.30–23 Uhr, €

Im Problemviertel
Taller Sa Penya ❻
Das vielleicht spannendste Restaurant der Insel versteckt sich in einem weitgehend sich selbst überlassenen Teil von Sa Penya, das immer wieder wegen Drogenkriminalität und Hausbesetzern Schlagzeilen macht. Boris Buono, der im über Jahre besten Restaurant der Welt, dem Noma (Kopenhagen) kochte, perfektioniert hier eine Fusion aus Scandi und Ibizenk.

FLANIEREN

Da spanische Städte in der Sommerhitze nun einmal sehr anstrengend sind, empfiehlt es sich, Eivissa an dem berühmten bewölkten Tag einen Besuch abzustatten. Die kleine Pause vom Urlaub und den kurzen Abstecher zurück in die Zivilisation muss man nicht unbedingt mit voller Ladung Kultur verbringen. Es lohnt sich genauso, auf dem **Passeig de Vara de Rey** das pralle Leben zu genießen – vielleicht ergänzt durch einen Drink auf der aussichtsreichen Dachterrasse des **The Standard Ibiza** ⓭ (Carrer de Bartomeu Vicent Ramon, 9) – und durch das alte Fischerviertel **Sa Penya** zu schlendern. Die dortige **Calle de la Virgen** (offiziell Carrer de la Mare de Déu) ist fest in der Hand der LGBTQIA+-Szene. Am Ende der Gasse bietet die kleine **Plaça de sa Riba** einen genialen Blick auf Hafen, Festung und Formentera. Gleich um die Ecke gibt es bei **Los Valencianos** (Plaça Antoni Riquer, 5) das beste Eis weit und breit, und das **Café Mar y Sol** ⓯ (Avinguda Ramon i Tur, Ecke Carrer Lluis Tur i Palau, tgl. 9.30–23.30 Uhr) ist perfekt für alle, die lieber sehen als gesehen zu werden.

Die ›Alte‹ hat viel zu erzählen – **Eivissas Dalt Vila**

Eivissas Weltkulturerbe Dalt Vila, die historische Oberstadt, ist eine der besterhaltenen und größten Festungsanlagen im Mittelmeerraum und gewährt lebendige Einblicke in 2000 Jahre Kultur- und Inselgeschichte.

Fast wie ein Schneckenhaus entwindet sich die Dalt Vila dem prallen Leben ›downtown‹, was optisch vor allem am doppelten Festungsring liegt, in den sich die mittelalterlichen Häuser pressen. Doppelt? Ja, netterweise hat man in der Renaissance beschlossen, auch das sprichwörtliche ›niedere‹ Volk vor Piraten und Eroberern zu schützen. Besonders imposant ist dieses gigantische Freilichtmuseum ganz oben auf der **Plaça de la Catedral** 1. Hier stehen Sie gleichzeitig auf dem Kopf Ibizas und knietief in 2000 Jahren Geschichte. Das Renaissance-Fort **Castell Almudaina** 2 ruht auf dem Fundament der punischen Akropolis respektive eines maurischen Palastes – je nachdem, wer gerade herrschte, machte der das Vorgänger-Gebäude platt. Die Kathedrale **Santa María de les Neus** 3 steht entsprechend auf gleichem Grund und Boden wie ihre geweihten Vorgänger: der Tempel der Karthager, der römische Merkurtempel und die Moschee der Mauren.

Überragend: Kirchturm der Kathedrale Santa María de les Neus

›Souvenirs‹ aus nahezu allen Epochen Ibizas sieht man im **Museu Arqueològic d'Eivissa** 4. Die Schatzkammer ›begeht‹ man teilweise innerhalb der oberen Stadtmauer und findet alle Fundstücke von den Phöniziern über die Römer und Araber bis zur Renaissance vor. Ebenfalls in der Oberstadt befand sich früher Ibizas Universität (Carrer Major 2): Hier wurde der Ertrag der Salzernte verwaltet, der der Insel erstmalig zu Wohlstand verhalf. Wer nicht in den Salinen arbeitete, zahlte eine entsprechende Abgabe. Und dann ist da noch das (weniger überlaufene) Touristenzentrum in der ehemaligen Kurie, das Sie bei Bedarf mit einem Audioguide (▶ S. 23) versorgt.

Nach über 15 Jahren Bauzeit eröffnete im Gebäude des **Castell Almudaina** Ende 2024 endlich das erste Parador-Hotel (www.parador.es) der Balearen. Das Projekt verzögerte sich durch immer neue archäologische Funde.

En passant …

Keine Angst, Sie verlieren hier nie den Überblick: Überall in der Dalt Vila klären Wegschilder in verschiedenen Sprachen (einfach umklappen) über die jeweilige Lage und historische Bedeutsamkeit an Ort und Stelle auf.

Das gute Gefühl, hier oben ganz Ibiza im Griff zu haben, teilen Sie sich mit den Einwohnern, die 1806 an der gleichen Stelle live beobachteten, wie ihr Volksheld, der Korsar Antonio Riquer Arabí, direkt vor ihren Augen ein englisches Schiff, das zehnmal größer als sein eigenes gewesen sein soll, im Hafen absaufen ließ. Heute schweift der pazifistisch gemäßigte Blick weiter über die moderne Hafenmeile Marina Botafoch gegenüber und auch ins Inselinnere. Der große rötliche Kasten weit gegenüber am Berghang ist übrigens die 2024 umfangreich umgebaute Diskothek UNVRS (▶ S. 32).

Ibizas alte Wohlstandsmeile

Herunter gelangen Sie am besten durch den **Carrer de Pere Tur** 5, denn hier flanieren Sie an vier Jahrhunderten Architektur entlang. Die wohlhabenden Familien Ibizas haben prächtige Häuser hinterlassen, besonders das Gebäude der Familie Fajarnés-Cardona im Neo-Kolonialstil vom Anfang des 20. Jh. (gegenüber der Casa Consistorial, heute Kulturzentrum) sowie die Nr. 1 (Casa Montero, 17. Jh.), Nr. 5 (Casa Mariano Tur, 18. Jh.), Nr. 6 (Casa Vedova, 17. Jh.), Nr. 7 (Casa Llobet, 19. Jh.) und an der Ecke Carrer Sant Carles die Casa Tuells-Wallis aus dem 19. Jh. Vielleicht gelingt es Ihnen, irgendwo hineinzulugen und kleine Innenhöfe, Springbrunnen und Treppenaufgänge zu entdecken.

NAHKAUF

Ein besonders nahe gehendes Erlebnis ist der Kauf von selbst gebackenem Kuchen neben der Sant-Ciriac-Kapelle im **Convent de Sant Cristòfol.** Die Nonnen, die auf Ihr Klingeln hin hinter dem Tresen erscheinen, haben nur dann Kontakt zur Außenwelt: zu Ihnen.

Klösterliche Ruhe im Hauptstadt-Hurrikan

Die Dalt Vila ist im Ganzen spektakulär, aber von Highlights nicht gesäumt. Mit kleinen Ausnahmen: Auf der Verlängerung des Carrer Major, etwas unterhalb des **Museo Puget,** liegt ein zurückgesetztes Kapellchen in der Häuserfront, die **Capilla de Sant Ciriac** 6 (der Schutzpatron der Insel). An dieser Stelle soll 1235 bei der Reconquista der erste Soldat in die maurisch regierte

Eivissas Dalt Vila #1

Große Kunst in alten Mauern: Eivissas Museum für Moderne Kunst, das MACE

Stadt eingedrungen sein. Durch einen Quertunnel kamen sie dann hereingeströmt, durch diesen können Sie den Weg nach unten abkürzen. Dann entgeht Ihnen allerdings der schöne Blick vom Platz der Inselverwaltung, der **Plaça d'Espanya.** Der erschließt sich alternativ auf halber Höhe von den unteren Stadtmauern.

Neue Kunst in alten Mauern

Die tiefere Wehrmauer der Dalt Vila aus dem 16. Jh. hat insgesamt sieben Bollwerke *(baluard)*. Wer den Festungsring umrunden will, hat sich etwas recht Sportliches vorgenommen. Aber die besten Blicke über die Stadt hat man ohnehin nach vorne, am **Baluard de Santa Llúcia,** wo oft stimmungsvolle Events wie DJ-Partys mit Hafenblick geboten werden. Die Baluards Sant Jordi und Sant Bernat können mit tollem Formentera-Blick aufwarten.

Auf jeden Fall sollten Sie einmal das **Museu d'Art Contemporani d'Eivissa** 7 (MACE) sowie nördlich der Altstadt die **Casa Broner** 8 checken, die sich um die lebendige Kunstszene Ibizas verdient machen.

Weiter unten, auf der lebendigen **Plaça de Vila,** tauchen Sie unweigerlich aus der Geschichtsnostalgie wieder ins bunte Treiben der Shops und Restaurants ein. Dort spuckt Sie das **Portal de ses Taules** automatisch aus der Dalt Vila in die untere Altstadt.

INFOS/ÖFFNUNGSZEITEN

Audioguide (70 Min., auch auf Deutsch), erhältlich an der Touristen-Information oben an der Plaça de la Catedral oder unten im Carrer del Comte de Rosselló.
Museu Arqueológic d'Eivissa 4: Plaça de la Catedral, https://maef.eu, Di–Do 9–15, Fr 9–15, Sommer auch 17–20, Sa 9–14, So 10–14 Uhr, 2,40 €, unter 18 J., über 65 J. und So Eintritt frei
Museu d'Art Contemporani d'Eivissa 7:
▶ S. 16
Casa Broner 8:
▶ S. 16

KULINARISCHES FÜR ZWISCHENDRIN

La Plaza 3: ▶ S. 20

Faltplan: F 6 | **Cityplan:** ▶ S. 18

Eivissa und Umgebung ▶ Eivissa

PLAÇA-HOPPING

Während das Nachtleben an Sa Penyas Hafenpromenade eher trashig ist, kann man sich rund um die **Plaça del Parc** einen bunten Abend machen. Im Foodie-Bermuda-Dreieck zwischen dem **Teatro Pereyra** ❻ (▶ S. 16) und der lauschigen **Sidrería Poma** ❺ (Carrer de Jaume I, 10, @sidreriapoma) können Sie essen und trinken wie zu Hause: im preislich moderaten Restaurant **Locals Only** ❽ (Plaça del Parc, 5, www.localsonlyibiza.com, Di–So 12.30–1.30, Küche bis 23.45 Uhr, €–€€) etwa im Ambiente eines Berliner Hipster-Cafés oder französisch im **Maison Le Vrai** ❾ (Carrer de Miquel Caietàno Soler, 9, www.maisonlevrai.com, Mi–Mo 20–1 Uhr, €€–€€€), das Gourmet-Streetfood anbietet. Leckere Cocktails gibt es im **Madagascar** ❿ (Carrer des Caló d'en Reial, 4, tgl. ab 10 Uhr, €), sehr romantisch isst man im Gartenrestaurant **La Brasa** ⓫ (Carrer de Pere Sala, 3, www.labrasaibiza.com, tgl. 12.30–1 Uhr, €€–€€€). Nicht nur Veganer werden im **Simbiosis** ⓬ (Carrer de Jaume I, 2, www.simbiosisibiza.com, April–Okt. Mo–Sa 18.30–24 Uhr, €) begeistert sein!

Carrer Alt, 2, T 628 85 46 54, www.ibzfoodstudio.com, Di–Sa 19–23 Uhr, €€€

Mexikanisches Wohnzimmer
Chidas bar+cantina ❼
Ein echter Seelenort ist der vielleicht beste Mexikaner der Insel. Unglaublich leckeres Soul Food findet hier den Weg auf die Teller. Dazu gibt's kreative (Mezcal-)Cocktails. Fr/Sa Livemusik.

Plaça Pintor Vicent Calbet, 3, T 676 15 97 85, www.fb.com/chidasbarandcantina, Mo–Sa 19–0.30, €

🛍 Stöbern & entdecken

Klamotten
Schicke Handtaschen und Lederaccessoires bekommt man bei lokalen Labels wie **Lovy Ibiza** (Plaça de Vila, 2, www.fb.com/lovyibizasandalshop). Boutiquen, Schuh- und Bekleidungsläden versammeln sich rund um die Flaniermeile **Passeig de Vara de Rey**. Mode zum Ausgehen wird (Winterzeiten u. U. abweichend) z. B. in der auch bei Promis beliebten Boutique **Annie's** ❷ (Carrer de la Santa Creu, 5, https://anniesibiza.com, April–Okt. tgl. 12–1 Uhr) und im Vintage-Glam-Boutique **Holala** ❸ (Plaça de la Constitució, 12, www.holalaibiza.com, tgl. 11–23 Uhr) geboten. Hier wie im **Divina** ❹ (Plaça de Vila, 17, @divina_ibiza, Mo–Sa 10–14, 18–1, So 11.30–14, 18–1 Uhr) findet man auch die typische Adlib-Mode der 1970er-Jahre – weiß wehende Rüschenklamotten, Espradilles etc. Zwischen dem Carrer de Lluís Tur i Palau am Wasser und dem Carrer d'Annibal, links und rechts vom Carrer Guillem de Montgri, verliert man sich im Shopping-Bermuda-Dreieck der Indie-Boutiquen.

Typische Souvenirs
An entsprechenden Läden mangelt es wahrlich nicht in Eivissas Ober- und Unterstadt, da kann man sich einfach treiben lassen. Wer auf der Suche nach Hochprozentigem ist, etwa nach dem heiß geliebten und kalt getrunkenen *hierbas*, sollte bei **Vila Vins** ❺ (Carrer del Diputat Josep Ribas, 5, gegenüber der Fähre nach Formentera, Mo–Sa 9–21, Winter bis 19 Uhr) vorbeischauen.

Bevor die Tüten zu schwer werden
Hierbas, Ibiza-Salz, Weine oder Merchandising-Produkte der großen Discos wie

Pacha oder Ushuaïa gibt es, zwar teurer als in der Stadt, auch am Flughafen.

Verrückt nach Schuhen?
Angel's Shop 🛍
Ob bunte Cowboystiefel mit Fransen, verspielte Espadrilles, gehäkelte Slipper oder raffinierte Sandalen – hier gibt es die angesagte Ibiza-Schuhmode in großer Auswahl. Nebenan im **The Box Ibiza** finden Fashion Victims Trendmarken von Birkenstock bis Dr. Martens und noch eine Tür weiter ist **Yonkiecorner** der siebte Schuhhimmel für Sneaker-*aficionados*.
Passeig de Vara de Rey, 10, T 971 39 80 30, Mo–Mi, Fr/Sa 10.15–22.30, Do 10.30–22.30 Uhr

Clubtickets und Merchandising
DC-10, Pacha, Ushuaïa Official Stores
Das gibt es wohl nur auf Ibiza: Clubtickets direkt am Geldautomaten! Sonst gibt es Tickets wie auch Tanz-Ohrwürmer, Logo-Taschen und Klamotten in den einschlägigen Merchandising-Shops.
🛍 **DC-10:** Passeig Vara del Rey, Mo–Sa 11–21 Uhr
🛍 **Ushuaïa Official Store:** Av. de Bartomeu de Roselló, 18, tgl. 10–22.30 Uhr
🛍 **Pachà Boutique:** Lluís Tur i Palau, 20, tgl. 10–24 Uhr

Souvenirs ohne »from Ibiza«
Natura Ibiza 🛍
Wenn man etwas wirklich Besonderes für zu Hause finden will, dann mit hoher Wahrscheinlichkeit in dem geräumigsten Laden an der Plaça del Parc – die Ernte könnte allerdings größer ausfallen, denn neben liebevollen Accessoires, Kleidung und Kitchenware gibt es jede Menge Interior-Einrichtungsideen …
Av. Parque, 7, www.naturaselection.com, tgl. 9–14, 15–18, Fr 9–15 Uhr

✺ Wenn die Nacht beginnt

Der ideale Abend beginnt an der **Plaça del Parc**, vielleicht im Stehen vor der **Vermuteria Casa Lucas** ✺ (Carrer d'Avicenna, 3, @casalucasibiza, tgl. ab 16 Uhr bis nachts) – die mächtig angesagte Vermouth-Location darf auf Ibiza nicht fehlen – oder in der lockeren Stehbar **Born** ✺ (Carrer de Miquel Caietàno Soler, 2, @bornibiza, tgl. 12–2/3 Uhr); gefolgt von **La Taberna del Parque** ✺ (Plaça del Parc, 5, tgl. 10–2 Uhr), wo viel Gin auf der Karte steht, und dem neu eröffneten **Dilo** ✺ (Plaça del Parc, 5, @dilo.ibiza, tgl. 9.30–23.30/24 Uhr), wo es leckere Cocktails, gute Weine und eine gehobene Küche gibt. Auch das **Locals Only** ✺ (Plaça del Parc, 5, ▶ S. 24) findet sich hier, das in Wirklichkeit alle Locals dieser Welt willkommen heißt.
Im Carrer de Jaume ist man kulinarisch bestens aufgehoben: Verschiedenste spanische ›Gustos‹ reihen sich wie an einer Perlenschnur auf, u. a. die eher asturische **Sidrería Poma** ✺ (▶ Kasten S. 24). Music(al)fans könnten ins nach 15 Jahren Bauzeit wiedereröffnete **Teatro Pereyra** ✺ (Carrer del Comte de Rosselló, 3, www.teatropereyraibiza.com) gehen.

INFOS

Tourist-Information: Passeig de Vara de Rey, 1, T 971 30 19 00, www.ibiza.

EINBLICKE

Wie muss man sich das mittelalterliche Leben in Eivissa vorstellen, mit seinen Bürgern, seinen Herrschern, seinen Ängsten vor Pest und Piraten? So wie in der **Szenischen Nachtführung,** die von Schauspielern in historischen Kostümen immer wieder von einem zeitgenössischen Liebesdrama ›unterbrochen‹ wird (auf Català, Spanisch und Englisch): https://guiasibiza.es/producto/visitas-teatralizadas, Reservierung: T 971 39 92 32, Treffpunkt am Portal de ses Taules, Plaza de la Constitució, jede Woche Sa, teils auch Fr abends, Uhrzeit ▶ Website bzw. Touristen-Information, 10 €, Kinder-/Familienermäßigung.

Eivissa und Umgebung ▶ Marinas Eivissa und Botafoch

travel; Plaça de la Catedral, T 971 39 92 32, www.eivissa.es.
Busse: Die Linie 14 verbindet Eivissa mit den westlichen Stränden Figueretes und Platja d'en Bossa: Juni–Sept. tgl. 7–23.40 Uhr alle 20–25 Min., Okt.–Mai Mo–Fr 7.30–22.30 Uhr alle 30 Min., Sa, So 9–13, 16–20 Uhr stdl.

TERMINE

6. Januar: Dreikönigsfest mit Prozessionen am Vorabend
2. Maiwoche: Mittelalterfest
Anfang Mai: Opening Partys der Discos
21. Juni: Mittsommerfest
8. August: Tag der Befreiung (Reconquista) mit großem Feuerwerk am Hafen
Anfang/Mitte Oktober: Closing Partys der Diskotheken
12. Oktober: Día de la Hispanidad (gesetzlicher Feiertag in Erinnerung der Entdeckung Amerikas)

Marinas Eivissa und Botafoch F5

Nordöstlich des Zentrums führt der Passeig Joan Carles I nach Eivissa Nova, besser bekannt als Marina Eivissa. Hier liegen die teuren, nicht immer geschmackssicheren Immobilien und Hotels wie das Granhotel Ibiza oder das quietsch-

> ### KLEINE ERNÜCHTERUNG
>
> Ist ja schon toll, was Ibiza so an unterschiedlichen Typen zu bieten hat – aber die schrägsten Vögel, inklusive der Drag Queens, rennen meistens von Berufs wegen so aufgebrezelt herum, um Touristen zu animieren, die von ihnen beworbene Lokalität zu besuchen. Vorsicht: Besonders ›tüchtige‹ *tiqueteros* animieren in den Clubs attraktive Frauen, enthemmende Pillen zu nehmen.

bunte Apartmentensemble des französischen Stararchitekten Jean Nouvel. 2025 eröffnet hier zudem Protz-›Salzstreuer‹ Salt Bae (Nusret Gökçe) einen Luxuskomplex mit u. a. vier Restaurants. Weiter hinaus gelangen Sie vorbei an der Chichi-Meile der Marina Botafoch zur Kaimauer, an der die Kreuzfahrtschiffe und Festlandfähren anlegen, und zum Kap Es Botafoch mit seinem Leuchtturm.

WAS TUN IN DEN MARINAS?

Sehen und gesehen werden
Die Schönen und Reichen in den Marinas Eivissa und Botafoch sind ein Hingucker für sich. Die Commercial Zone am Anlegehafen für (Mega-)Jachten und Sportboote ist nicht wirklich ein Anziehungspunkt für breite Touristenströme, bringt aber einen Hauch San Francisco mit: Neben etwa 60 Shops im modern-ibizenkischen Baustil um drei Plätze herum gibt es vor allem den wunderbaren Blick auf die Dalt Vila.

SCHLEMMEN, SHOPPEN, SCHLAFEN

🏠 In fremden Betten

Passend zur Disco
El Hotel Pacha
Sehr entspannend ist es natürlich, nach einer durchtanzten Nacht in der gleichen Liga zu nächtigen: und zwar *next door* zum Pacha Club im Hotel Pacha, wo häufig auch die DJs einquartiert werden.
Passeig Maritim, T 971 31 59 63, www.elhotelpacha.com, ganzjährig, €€€

🍴 Satt & glücklich

Mega-Ausblick
Cappuccino Marina
Ibiza-Lebensstil *at its chicest.* Hier speisen Clubbesitzer wie -gänger nach einer langen Nacht. Wegen der Lage vor dem Hafenparkplatz auch ein Dorado

MARINAS EIVISSA UND BOTAFOCH

In fremden Betten
1 El Hotel Pacha

Satt & glücklich
1 Cappuccino Marina
2 Calma
3 La Gaia

Stöbern & entdecken
1 Dora Herbst

Wenn die Nacht beginnt
1 Lío Ibiza
2 Club Chinois
3 Pacha

---

für Angeber mit entsprechender Karrosse. Etwas bodenständiger, aber mit gleichem Traumausblick, geht es um die Ecke im **Calma** 2 (www.fb.com/Calma Restaurant, tgl. 9–1 Uhr, €–€€) zu.
Passeig Joan Carles I, 20, www.grupocappuccino.com, tgl. 9–1 Uhr, €€–€€€

JaPeruvian
La Gaia 3

Alles, was bei der Fusion zwischen japanischer und peruanischer Küche – außer Meerschweinchen-Sushi – herauskommen kann, nennt sich Japeruvian oder Nikkei-Küche. Die findet sich im La Gaia im Granhotel in Perfektion. Chef Óscar Molina jagt dort mediterrane Shrimps oder Muscheln durch die Tempura-Brühe oder legt eine vegane Ceviche an. Dafür gab es 2021 erstmals einen Michelin-Stern.
Passeig Joan Carles I, 17, T 971 80 68 06, www.lagaiaibiza.com, Di–Sa 20–1.30 Uhr, €€€

 Stöbern & entdecken

Stilprägend
Dora Herbst

Wallende Blumenkleider im Stil der 1970er-Jahre gibt es bei der legendären Designerin Dora Herbst (▶ S. 120), die die Ibiza-Mode maßgeblich beeinflusst hat.
Carrer Botafoch, Local 315 Marina, www.doraherbstibiza.com, tgl. ab 10 Uhr

---

Wenn die Nacht beginnt …

Prickelnd
Lío Ibiza

Sehen und gesehen werden *at its best* – das erleben Sie in diesem von der Pacha-Gruppe geführten Etablissement. Cabaret, Shows und Burlesque, dazu echte und Möchtegern-Promis. Der Club mit einer Kapazität von 1500 Gästen bietet ein Dinner mit frivolen, teils lasziven und witzigen Showeinlagen. Das Event geht fließend in einen Clubabend über, für den auch Tickets ohne Tisch gebucht werden können. Das Lío ist alles – nur nicht billig!
Port d'Eivissa Nova, Passeig Joan Carles I, T 971 31 00 22, www.lioibiza.com, tgl. 20.30–5 Uhr

Fernost trifft West
Club Chinois

Eine lange Bar im Stil eines dekadenten Jazzclubs im Shanghai der 1930er-Jahre.

Eivissa und Umgebung ▶ Marinas Eivissa und Botafoch

Allein für diesen Blick auf die Dalt Vila lohnt sich der Weg zur Marina Eivissa.

Ein schwarzer Kubus mit einer riesigen Discokugel über dem DJ-Pult, eingerahmt von einem goldenen Paillettenvorhang. Eine 360-Grad-Lichtinstallation und eine satte Soundanlage, die einen die Musik spüren lässt und trotzdem Unterhaltungen nicht völlig unmöglich macht. Im früheren Heart hat 2022 dieser fast intime Club (max. 1000 Gäste) für Freunde von feinstem House und Techno eröffnet.
Passeig Joan Carles I, 17, www.clubchinoisibiza.com, 0–6.30 Uhr

Kultig
Pacha ✱
Die berühmteste Diskothek Ibizas ist nach wie vor eine der besten Megadiscos der Welt (Kapazität: 3000) und lockt mit tropischer Gartenterrasse, vier Ebenen und Restaurant, und täglich wechselnden DJ-Sets namhafter Aufleger. Samstags steigt in dem 1973 aus einer Finca erwachsenen Venue die Flower Power Night. Wer dann auch noch auf Tuchfühlung mit den großen Stars gehen will, schläft luxuriös wie bereits Madonna oder David Guetta im Pacha Hotel (▶ S. 26) gleich nebenan. Und auch wenn Guetta weitergezogen ist und Erick Morillo nicht mehr unter uns weilt, wird man weiter für ein internationales Top-Line-up der DJs sorgen.
Avinguda 8 d'Agost, www.pacha.com, 0–7 Uhr, Eintritt 40–80 € (online bei www.ibizadiscoticket.com)

INFOS

Tourist-Information: ▶ S. 25

HOPPEN AUF DER GANZEN LINIE

Club-Hopping vom Pacha zum Ushuaïa und Hï oder vom Amnesia und UNVRS nach Sant Antoni, ohne Auto und Alkoholstress? Der **Discobus** transportiert Nachteulen auf offizieller Linie in der Saison zu den Venues quer über die Insel!
Vom Hafen Eivissa, 0–6 Uhr alle 30 Min., Fahrpläne: http://discobusibiza.com

Sant Rafel de la Creu E 4/5

Hier dreht sich alles um (den) Ton: Sant Rafel beherbergt noch eine der bekanntesten Töpfereien Ibizas, um die Ecke drehen in Szenediskotheken Top-DJs an den Scheiben.

WAS TUN IN SANT RAFEL?

Zum Trabrennen gehen
Hipódromo de Sant Rafel
Die heimliche Leidenschaft, wenn nicht sogar der Volkssport Ibizas, ist das Trabrennen – und eine echte Abwechslung, denn die Veranstaltungen stehen auf keinem Touri-Programm. Das Hipódromo de Sant Rafel scheint angesichts gigantomaner Fußballstadien wie aus der Zeit gefallen: Die romantische Bilderbucharena mit den bunten Fähnchen wirkt von außen eher wie ein Zirkus, man könnte hier Filme drehen, die in den Dreißigerjahren spielen, ohne die Kulisse umzubauen. Trabrennen aber ist auf Ibiza Gegenwart – vor allem samstagsnachmittags, zur besten Fußballzeit. Wer da nicht kann, sollte sich die Arena trotzdem nicht entgehen lassen, allein, um einen Blick auf die schönen Pferde zu werfen oder beim Training zuzuschauen.
Landstraße PMV 812-2 Sant Rafel–Santa Eulària, erster Kreisverkehr links, T 971 19 85 61, Renntermine beim Tourismusbüro in Eivissa erfragen

SCHLEMMEN, SHOPPEN, SCHLAFEN

 In fremden Betten

Maurische Mauern
Can Lluc
Eine außergewöhnliche Location, wo sie keiner vermutet: Der edelste Agroturismo Ibizas mit einem Blick aus dem Whirlpool weit über die Täler, den auch schon Liz Hurley genossen hat, liegt hier abseits vom Trubel. Der Pool hat ein Bullauge in den Konferenzraum, und inzwischen gibt es in luftigen Höhen auch ein Top-Restaurant. Die Designer-Apartments sind mit eigener Kitchenette ausgestattet. Ideal, um das Geschäftliche mit dem Angenehmen zu verbinden.
Cami d'es Tercet, 2 km nördlich an der Landstraße zwischen Sant Rafel und Santa Agnès, nach 2 km rechts abbiegen (ab da ausgeschildert), T 971 19 86 73, www.canlluc.com, €€€

 Satt & glücklich

Die ehrlichsten Steaks der Insel
Asado Can Pilot
Wenn in dem 1949 eröffneten Traditionslokal der Grill angeworfen wird, duftet es in der gesamten Ortschaft wunderbar nach Fleisch – auf einem riesigen Holzkohlegrill mitten im Gastraum werden die wohl besten Steaks der Insel zubereitet. Ganz ohne Chichi, gewürzt nur mit Meersalz. Dazu gibt's Kartoffelchips, Tomaten und/oder Paprikaschoten. Was im Can Pilot auf die Teller kommt, braucht den Vergleich mit den teuren Szene-Steaklokalen der Insel nicht zu scheuen! Ebenso begeistert wie von der Qualität werden Sie von den Preisen sein.
Carretera Eivissa-Sant Antoni, T 971 19 82 93, http://asadorcanpilot.com, Do–Di 13–16, 20–24 Uhr, um Weihnachten 2 Wochen geschl., €–€€

Vom Weg abkommen, …
Can Tixedo Art Café
… aber nicht auf der Strecke bleiben. Zwischen Sant Rafel, Sant Antoni und Santa Gertrudis passieren Sie in der Wildnis eine unscheinbare Kreuzung mit diesem beliebten und preiswerten Treff. Samstags findet just an dieser Kreuzung ab 10 Uhr der **Mercat de Forada** statt. Auf diesem Markt werden ausschließlich Produkte von der Insel verkauft.
Carretera Santa Agnès Km 5, T 971 34 52 48, www.cantixedo.com, Di–So 9–1 Uhr, €

Eivissa und Umgebung ▶ Sant Rafel de la Creu

 Stöbern & entdecken

Keramik ohne Töpferkurs
Kinoto
In dem relativ schläfrigen Dörfchen Sant Rafel drehte sich einstmals alles rund um Ton und was man daraus herstellen kann. Heute beschränkt sich die Ausgestaltung mit Lehm und Wasser fast ausschließlich auf das Kreative. Kinoto ist nicht nur Töpfer, sondern auch Maler, die zweite Geschäftsführerin, Carme Corominas, ist mehr auf das Dekorative spezialisiert. Kaum etwas ist vor dem Material sicher: Neben Geschirr, Lampen, Vasen gibt es auch Schmuck und Bilder aus Ton. Manches ist sicher Geschmackssache.
Avinguda Isidor Macabich, 44, T 971 19 82 62, www.cankinoto.com, tgl. 10.30–12.30, 15–18 Uhr, Winter abweichend

Hochwertiges aus Ton und Tradition gibt's bei Kinoto.

 Wenn die Nacht beginnt …

Die Größte
UNVRS (Ex-Privilege)
Mit einer ›Ladekapazität‹ von jetzt 15 000 Gästen ist das nach der Coronapandemie im großen Stil umgebaute ehemalige Privilege (▶ S. 32) wieder die größte Disco der Welt. Erbaut im Stil eines riesigen Flughangars, mit Pool und DJ-Insel. Seit jeher beliebt: der große Dancefloor mit Glasdach und Blick auf Eivissa bei Sonnenaufgang. Bei Redaktionsschluss befand sich das neue UNVRS noch im Umbau und hatte auch noch kein Programm veröffentlicht. Zu den großen Openings 2025 sollte aber laut den neuen Betreibern alles bereit sein.
Urbanización San Rafel, Autobahn C 731 Richtung Sant Antoni bei Km 7 (Sant Rafel), www.unvrs.com, tgl. ca. 0–6 Uhr, Eintritt je nach Party 40–80 €, Taxi von/nach Sant Antoni, Platja d'en Bossa oder Eivissa 15–25 €

Shameless
Amnesia
Die weltweit bekannte Heimat von Top-DJs und der legendären Cocoon-Party von Sven Väth. Mit einem Fassungsvermögen von 5000 Menschen, zwei großen Clubbing Areas, dem höhlenartigen Main Room und der berühmten Amnesia Terrace mit großem Glasdach, das bei Sonnenaufgang von Licht durchflutet wird. In beiden Areas kann zur Schaumparty jederzeit völlig überraschend die berüchtigte Eiskanone losschießen. Im Amnesia-Gourmettempel in der Cova Santa wird schön vorgeglüht, um per Transfer zum Club dann weiter Party zu machen. Sonntags steigt die nostalgische Pyramid-Party, bei der es zugehen soll wie in alten Tagen (▶ S. 88).
An der Schnellstraße C 731 Richtung Sant Antoni Höhe Km 6, T 971 19 80 41, www.amnesia.es, tgl. 0–7 Uhr, Eintritt je nach Party 30–60 €, Winter geschl., Longdrinks ca. 15 €, Bier 13 €, Wasser 9 €

Geheimtipp
Underground (›U‹)
Der wesentlich kleinere, intime Club mit Terrasse (»not for everybody«) wird vornehmlich von Leuten bevorzugt, die der Großdisco und dem Technostress eine stimmungsvolle DJ-Nacht mit Ibiza-Sound vorziehen. Daher wird auch keine große Werbung gemacht. Außerdem: Kein Ticketvorverkauf, keine Shows, keine eingeflogenen Top-DJs. Wem das dann doch zu wenig ist, der kann fußläufig ins UNVRS auf der anderen Straßenseite wechseln.
Diseminado Cas Arabins, 96, an der Schnellstraße Richtung Sant Antoni bei Km 7 (Sant Rafel) auf der linken Seite, www.facebook.com/IbizaUndergroundclub, tgl. 23–6 Uhr, Taxi von/nach Sant Antoni, Platja d'en Bossa oder Eivissa 15–25 €

Eivissa und Umgebung ▶ Talamanca

Talamanca 📍 F 5

Wer in Eivissa weilt, wird die Platja Talamanca zu schätzen wissen. Die weite Bucht nordöstlich der Stadt ist die unprätentiöse Schwester der quirligen Platja d'en Bossa. Unbehelligt vom MMMz-MMMz-Stampf der dortigen Ganztagesdiscos lässt es sich friedlich chillen und baden, fliegende Verkäufer und Masseure sowie ein paar unaufgeregte Strandlokale tragen zur entspannten Atmosphäre bei.

WAS TUN IN TALAMANCA?

Strandleben genießen
Der nördliche Hausstrand von Eivissa liegt 3 km vom Zentrum entfernt, direkt um die Kurve hinter Botafoch zwischen den beiden Landzungen **Punta Grossa** und **Punta Martinet**. Der 2 km lange Strand ist familien- und behindertenfreundlich, mehrere kleinere Hotels und Pensionen reichen bis an ihn heran. Aufgrund der geringen Wassertiefe können die Kinder herumplanschen, Sportsfreunde mit ihren Jetskis angeben, es gibt Auffahrtrampen für Behinderte, mobile Massagen und die notorischen Schmuckverkäufer. Kein Wunder, dass hier der ortsansässige Ibizenker zur Erholung vorbeikommt. Im Sommer gibt es oft Gelegenheit für Yoga- und Henna-Workshops, Volleyball, Kinderspiele und Aktivitäten für Behinderte (Informationen im Fremdenverkehrsbüro, T 971 39 92 32, www.ibiza.travel). Wer so dicht am Meer den Urlaub verbringen will, reserviert frühzeitig in den Strandhostals. Oder man kommt einfach, um in den Strandlokalen lecker und preiswert zu essen.

SCHLEMMEN, SHOPPEN, SCHLAFEN

 In fremden Betten

Sie wollen urlauben wie die Reichen und Berühmten? Auf fast dem gleichen

Feigenbäume sind auf Ibiza – genauso wie etwa auf Formentera oder Mallorca – omnipräsent.

Schillernde Clublegenden – **UNVRS und Amnesia**

Der erste »Hyper-Club der Welt« (so die neuen Betreiber) auf einer Fläche so groß wie ein Fußballfeld mit eigenem Swimmingpool und riesiger Glasfront in Richtung Eivissa hat mehrfach Namen und Besitzer gewechselt. Zuletzt 2024/25. Der Wiedereröffnung 2025 fiebern Party People auf der ganzen Welt entgegen.

R
RUHIGER

Wer es stimmungsvoller und intimer mag und Lust auf Ibiza-Sound statt Techno hat, der geht ins **Underground** 3 (▶ S. 30).

Wir reden hier nicht von irgendeinem Club: Das **UNVRS (Ex-Privilege)** ist die größte Disco der Welt mit einem ›Fassungsvermögen‹ von bis zu 15 000 Personen. Dabei hatte alles so bescheiden begonnen. 1978 wurde das als Club Rafael bekannte Gebäude von drei Basken gekauft, darunter der damalige Fußballstar Antonio Santamaria. Sie gaben der Disco den Namen KU – nach einem kleinen Nachtclub, den sie bereits in San Sebastiàn betrieben. In den 1980er-Jahren erlangte das KU Weltruhm, die Reichen und Schönen trafen sich hier zu wilden Partys. 1987 sang Freddie Mercury im KU mit der Opernsängerin Montserrat Caballé die Weltpremiere der Olympiahymne »Barcelona«. Nach Umbau und Umbenennung (KU wurde zu Privilege) kam 1994 mit Manumission eine der ersten Mottopartys, die heute die Discoszene definieren. Nach der Coronapandemie wurde das Privilege von der Matutes-Gruppe (u. a. Ushuaïa, Hï, Hard Rock Hotel) übernommen, grundlegend umgebaut und hat sich als UNVRS neu erfunden.

Etwas beständiger ist dann wohl doch das **Amnesia**, der zweite Riesenladen für Techno- und Rave-Begeisterte – ursprünglich eine Finca aus dem 18. Jh., die eine adlige Künstlerwitwe in den 1970er-Jahren aufkaufte und zum Hippietreff formierte. 1976 wurde das Haus vom neuen Besitzer in eine Diskothek umgebaut. Im Sommer 1988 soll der Argentinier Alfredo mit seinen damals schon auf der Insel legendären Sets die jungen englischen DJs Paul Oakenfold und Danny Rampling so sehr beeindruckt haben, dass sie die Balearic Beats nach

Von 1999 bis 2019 ließ der Frankfurter DJ Sven Väth montags im Amnesia seine legendäre Cocoon-Party steigen.

UNVRS und Amnesia *#2*

England brachten, neu mixten und den heutigen Clubbing-Tourismus Ibizas begründeten. Berühmt waren Sven Väths Cocoon-Partys, berüchtigt die Schaumpartys: Bei der Fiesta de Espuma setzen riesige Schaumkanonen die Tanzfläche bis über Kopfhöhe in eine einzige Blase, was eine recht entfesselnde Wirkung hervorruft. Wer also denkt, Sant Rafel sei ein kleines verschlafenes Töpferdorf, hat die Rechnung nicht mit der Nacht gemacht. Eines haben Töpfer und DJs jedoch gemeinsam: Beide verstehen sich auf Ton und runde Teller.

Einst als Gay-Party gestartet, mittlerweile ein wildes Motto-Kunterbunt: die samstäglichen Matinee-Partys auf der Terrasse im Amnesia

---

INFOS/ÖFFNUNGSZEITEN
UNVRS ❶: ▶ S. 30
Amnesia ❷: ▶ S. 30
Zum Thema Club-Hopping:
▶ Kasten S. 28

KULINARISCHES FÜR ZWISCHENDRIN
Ein stimmungsvoller Dinnerclub in Sant Rafel mit fantasievoller asiatischer Küche und wechselnden Events als Vorprogramm für die Tanznacht ist das **Côtô Ibiza** ❶ (Avinguda Isidor Macabich, 6, T 649 22 89 94, www.cotoibiza.com, Di–So 19–1 Uhr, €€€).

Faltplan: E 4/5

Eivissa und Umgebung ▶ Talamanca

Niveau, aber viel preiswerter ist das als Selbstversorger auf einer Finca möglich, vor allem in Gruppen. In der Nähe von Talamanca gibt es beispielsweise die 500 m vom Strand entfernte **Villa Can Emma** für vier Personen oder Luxusvillen wie die **Villa Wave** direkt am Meer mit eigenem Pool, Designermöbeln und fünf Schlafzimmern (Mindestaufenthalt 7 Tage, Anfragen und weitere lizensierte Immobilien über www.ibiza-selected.com, €€–€€€).

Vom Bett ins Meer fallen
Hostal Talamanca ❶

Preisgünstige Hotels direkt am Wasser sind selten, meist handelt es sich um einfachere Hostals. Wer es im Urlaub schlicht halten und morgens zum Strand nicht weit haben möchte, kann im Hostal Talamanca direkt aus dem Bett und 20 m weiter ins Mittelmeer springen. Mit auch bei Einheimischen sehr beliebtem Restaurant, insbesondere wegen der Pizza, Tapas und Fischgerichte.

Playa Talamanca, Aptdo.103, T 971 31 24 63, www.hostaltalamanca.com, €

Agroturismo
Ca n'Arabí/Can Jaume ❷

Noch zwei persönliche Tipps, wenn auch etwas teurer: zwei der Agroturismo-Kategorie zugeordnete Unterkünfte, was auf Ibiza Boutique-Luxus-Bauernhof bedeutet. Beide nördlich des unscheinbaren Dorfes Puig d'en Valls gelegen. Das **Ca n'Arabí** ist in einer ehemaligen Molkerei aus der Jahrhundertwende untergebracht, die meisten Produkte sind öko, wenn nicht sogar ›aus eigener Schlachtung‹ wie etwa der Orangensaft aus dem umliegenden Obstgarten. Der Pool ist mit arabischen Mosaiken ausgelegt. Ähnliche Geschmacksmuster finden sich auch im benachbarten Agroturismo **Can Jaume.**

Ca n'Arabí: T 971 31 35 05, www.canarabi.com, €€–€€€; Can Jaume: bei der *hierbas*-Produktion Marí Mayans rechts, T 971 31 88 55, www.canjaume.org, €€€

TALAMANCA

In fremden Betten
❶ Hostal Talamanca
❷ Ca n'Arabí/Can Jaume
❸ Simbad
❹ Destino Pacha Resort

Satt & glücklich
❶ Bar Flotante
❷ Chambao
❸ Beliamar
❹ Sa Punta
❺ Fish Shack

❻ Cala Bonita

Eivissa und Umgebung ▶ Talamanca

Luxushotels fremdnutzen
Simbad ❸

In der Bucht von Talamanca gibt es einige schicke Hotels, die auch für ›Normalsterbliche‹ bezahlbar sind. Das Viersternehotel Simbad mit einer Poolterrasse direkt über dem Meer lockt mit einem schönen Spa, in dem man sich nach langen Strand- oder auch an Regentagen verwöhnen und entspannen kann.
Carrer ses Figueres, 22, T 971 31 18 62, www.hotelsimbad.com, €€

Ganz schön posh
Destino Pacha Resort ❹

Das Resort an den Klippen vom Cap Martinet ist wie geschaffen für feierwütige Gäste, die es nach einer Party nicht weit ins Bett haben möchten. Veranstaltet werden hauseigene Pacha-Partys im Freien rund um eine spektakuläre Pool-Bühne mit tollem Blick übers Meer nach Eivissa. Nach Mitternacht geht es dann im angeschlossenen Club Tox weiter – inoffiziell auch mal gerne bis zum Morgengrauen. Zu den Partys in Eivissa bietet das Hotel kostenfreie Shuttles an. Kleiner Wermutstropfen: Das Meer an dieser Stelle eignet sich nur bedingt zum Schwimmen, da der Grund recht steinig ist.
Avenida Cap Martinet, s/n, T 971 31 74 11, www.destinopacha.com, €€€

....

Satt & glücklich

Im Sand geerdet
Bar Flotante ❶

Nach der Coronapandemie war das Entsetzen groß, als es hieß, die Bar Flotante sei verkauft worden. 2023 haben die bisherigen Pächter dann doch wieder aufgemacht. In der auf den ersten Blick wenig charmanten Institution frühstücken Sie mit Einheimischen, können von Bocadillo bis Paella den lieben langen Tag und das ganze Jahr über essen und genießen – und das ungekünstelt und barfuß im Sand.
Carrer de s'Illa Plana, 2, tgl. 9–23 Uhr, €

Die Bucht von Talamanca wirkt zwar weit und unendlich, unter Wasser können Schwimmer aber schnell Bekanntschaft mit kleinen Hügeln machen, die fast bis zur Wasseroberfläche reichen. Oder so tun, als könnten sie wie Jesus übers Wasser laufen …

Speisen à la Niro
Chambao ❷

Das Edelhotel Nobu, nicht nur wegen seiner Exklusivität bekannt, sondern auch, weil Robert de Niro zu den Miteigentümern gehört, ist eine weitere Hip-Location der Insel. Während die Unterkunft recht teuer ist, kann man es sich tagsüber im unprätentiösen Beach-Restaurant Chambao zu fairen Preisen gut gehen lassen.
Cami ses Feixes, 52, T 971 87 77 25, www.nobuhotelibizabay.com, tgl. 13–17 Uhr, €€–€€€

Chill-out vor Kulisse
Bellamar ❸

Das Beach-Restaurant in bester Lage und mit guter (musikalischer) Allround-Stimmung serviert Basic-Küche wie Tapas, Meeresfrüchte oder Thai-Gerichte zu moderaten Preisen – und man kann hier gleich am Strand liegen bleiben!
Carrer Platja Talamanca, 13, T 971 19 13 35, Di–So 13–19.30 Uhr, €–€€

Endlich alle Fünfe gerade sein lassen

Eivissa und Umgebung ▶ Talamanca

IN SEE STECHEN

Marco Polo Ibiza
Der Pacha-DJ Claptone hat auf diesem historischen Zweimaster schon aufgelegt! Gruppen bis zu 12 Personen können das gesamte Schiff chartern, aber auch Singles, Paare und Familien nimmt die Marco Polo Ibiza auf einen Tagesausflug mit. Unter Piratenflagge geht es nach Formentera. Da machen selbst die Besitzer der Mega-Jachten große Augen (www.marcopoloibiza.com, T 634 06 96 69, 169 €/Pers., bis 11 J. die Hälfte, Familie = 2 Erw. und 2 Kinder bis 11 J. 425 €).

Gute Vibes und schöne Menschen
Sa Punta ❹
Für Lunch und Dinner der gehobenen Sorte im Vintage-Stil eingerichtete Location, wo sich der Jetset im ›Über-Chic‹ eines Chill-out direkt an der Felsküste trifft. Es gibt gleich mehrere Restaurants, die sowohl libanesisch geprägte (Patchwork) als auch asiatische Küche (Ginger) bieten und als Highlight zur Dämmerung mit Hilfe von DJ-Piloten einen sanften Start in den Abend ermöglichen. Weiterhin bietet eine hauseigene Boutique moderne Versionen des Ibiza-Hippie-Chic auf Glamour getrimmt.
Es Pouet de Talamanca, T 971 19 34 24, www.sapuntaibiza.com, tgl. ab 19 Uhr, €€–€€€

Chiringuito der 50 Namen
Fish Shack ❺
Fish Shack, Chiringuito de María, Paco i María, The Sardines, Quiosc de les roques, Chiringuito Sa Punta … Der spektakulär gelegene *kiosko* am äußersten Ende der Talamanca-Bucht mit Blick auf Eivissa ist der ›Chiringuito der 50 Namen‹. Samar, der Neffe des verstorbenen Paco und der über 80-jährigen María führt den Chiringuito, der seit bald 50 Jahren in Familienhand ist, mit seiner Cousine Miriam. Neben vier großen, rot lackierten Bänken unter einem Sonnensegel stehen vereinzelte Tische auf den Felsen verteilt direkt am Wasser. Hier findet jeder seinen Platz, der etwas Geduld mitbringt. Auf der Karte stehen vor allem Fischgerichte frisch vom Markt, Salate und ibizenkische Nachspeisen. Einer der Orte, die hoffentlich niemals verschwinden werden.
Sa Punta, am Ende der Bucht, T 971 30 23 47, €–€€

Die Schöne an der Ostküste
Cala Bonita ❻
Eines der besten Strandlokale in der gleichnamigen Bucht an Ibizas Ostküste. Das chiringuitomäßige Beach-Restaurant fügt sich neben einigen Fischergaragen harmonisch in die süße Bucht und lädt zum Es-sich-richtig-gut-gehen-Lassen ein. Die begehrtesten Tische sind die in erster Meereslinie. Seien Sie dennoch nicht enttäuscht, wenn Sie als Nicht-Stammgast in der zweiten Reihe sitzen. Von hier können Sie dafür das illustre Publikum, eine Mischung aus Einheimischen, Ibizas Gastroszene und Residenten, beobachten. Es gibt nichts auf der Karte, was man nicht empfehlen könnte.
Platja de s'Estanyol, T 605 45 05 92, www.calabonitaibiza.com, Reservierung obligatorisch, tgl. ab 13 Uhr, €€€

NEUES BAUEN

Wer sich für neues Bauen interessiert, sollte mal einen Ausflug nach **Can Pep Simó** unternehmen, ein oberhalb der Bucht von Talamanca gelegenes Stadtviertel. Hier steht das bekannteste Objekt des bekannten Ibiza-Architekten Josep Lluís Sert, der in der Bauhaus- wie auch Ibiza-Bautradition die Idee um den reduzierten Kubus weitergeführt hat. Das markante grüne Ensemble mit neun Gebäuden entstand rund um Serts Privathaus.

Eivissa und Umgebung ▶ Ses Salines

Einer von insgesamt 14 offiziellen Chiringuitos, also den Strandbars direkt am Wasser, auf Ibiza: Fish Shack

Ses Salines 📍 E 7

Ein Ausflug, bei dem der Fotoapparat nicht fehlen sollte: Ses Salines ist ein Naturschauspiel für sich, vom Gay- oder Nacktbadestrand bis zum Flamingo-Reservat. Zwischen UNESCO-Naturerbe unter Wasser und den Salzfeldern, die Ibiza ersten Wohlstand bescherten, chillen Mensch und Natur im Einklang des sanften Tourismus.

WAS TUN IN SES SALINES?

Eine Radtour zum Abtauchen

Zu den von Eivissa knapp 9 km entfernten Stränden von Ses Salines steigen Sie wegen der Staus idealerweise aufs Fahrrad. Taucherbrille und Handtuch im Körbchen, erreichen Sie in der Einflugschneise des Flughafens die legendäre Disco **DC-10** (www.ra.co/clubs/1273, Party ab mittags) die schon Leute wie P. Diddy zu Besuch hatte, und bald darauf einige der **Top-Szenelokale** der Insel.

An einem alten Wasserrad beginnt es mit dem ganzjährig geöffneten **Beach-Restaurant La Escollera** (▶ S. 38) und setzt sich über eine Landzunge fort zu **El Chiringuito** (▶ S. 38), dem **Chiringay** (▶ S. 38) bis zum Wehrturm **Torre de ses Portes**. Hier hat man übrigens ein pikantes Umweltproblem: Der inflationäre Sex zerstört die Dünen. Tatsache.

Oder Sie fahren die Carreterra Sa Canal weiter bis zum Ende: Die **Platja de ses Salines** mit ihren wie an einer Perlenschnur aufgereihten Beachclubs ist ein schönes Plätzchen, um zu baden oder in die Unterwasserflora der **Posidonia-Wiesen** einzutauchen. Wer das ›Gras von unten‹ ganz intensiv erleben möchte, hält sich ans **Salinas Marine Center** (Carretera Sa Canal, direkt neben dem Hostal Sa Palmera, T 639 88 24 68).

Wegstrecke: mit eigenem Fahrzeug in Sant Jordi de ses Salines am Hippodrom auf die PM 802 Richtung Sa Canal einbiegen. Alternativ: mit dem Bus der Linie 11 (im Sommer) Eivissa–Ses Salines, tgl. 9.30–19.30 Uhr alle 60 Min. (zurück 10–20, Juli/Aug. bis 21 Uhr), T 971 30 14 60, www.ibizabus.com

Eivissa und Umgebung ▶ Ses Salines

....
SCHLEMMEN, SHOPPEN, SCHLAFEN
....

 In fremden Betten

Schlicht und preiswert
Boutique Hostal Salinas
Wer von den Salines-Stränden gar nicht lassen kann, hier ein Geheimtipp: ein von einem Paar und einem DJ hergerichtetes, ruhig auf einer Düne dem Strand vorgelagertes, günstiges Hostal mit elf schlichten, schönen Zimmern, einem guten Restaurant und regelmäßigen spirituellen Kakao-Zeremonien in der eigenen Jurte.
Carretera Sa Canal Km 5, T 971 30 88 99, http://boutiquehostalsalinas.com, €–€€

....

 Satt & glücklich

Essen am Meer
La Escollera
Eines der besten Beach-Restaurants der Insel mit Traumblick und hervorragender Küche. Serviert werden spanische und mediterran beeinflusste Gerichte, aber auch Californian Sushi oder Green Curry. Eine der Spezialitäten ist Paella, die es auch in einer veganen Variante gibt. Kenner fahren trotz Parkchaos direkt vor das Lokal und lassen das Auto einfach stehen: Hier gibt es nämlich einen kostenlosen Parkservice.
Platja d'es Cavallet, T 971 39 65 72, www.laescolleraibiza.com, tgl. 13–18/19 Uhr, €€–€€€

Familienfreundlich
El Chiringuito
Nicht ganz billig, aber so schön chic! Hier isst man wahlweise mit den Füßen im Sand oder in überdimensionalen Daybeds. Für die Kids gibt es eine Kinderecke mit Betreuung, für Erwachsene werden Yogakurse angeboten.
Platja d'es Cavallet, T 971 39 53 55, www.elchiringuito.com, tgl. 10–20 Uhr, Winter geschl., €€€

Am anderen Ufer
Chiringay
Dies ist die Urstätte des Gay Movement. Mediterrane Küche.
Platja d'es Cavallet, ca. 500 m hinter dem El

Keine Fata Morgana: Flamingos in den Salinen

Eivissa und Umgebung ▶ Ses Salines

Chiringuito, T 971 18 74 29, www.chiringay.com, tgl. 10–21, Küche 10–12 (Frühstück), 13–19.30 Uhr, Winter geschl., €–€€€

Nur die Nummer zwei
Beso Beach Ibiza
Der Ableger des Originals auf Formentera versucht die Mega-Stimmung auf die Nachbarinsel Ibiza zu exportieren – aber es kann nur einen geben!
Platja de ses Salines, T 971 34 99 00, www.besobeach.com, tgl. 13–21 Uhr, Winter geschl., €€€

Beach Chic
Malibú Beach Club
Ein Vorgeschmack darauf, was in der Cala Jondal zur Perfektion reift: Schickimicki-Publikum, das das Meer eher als Kulisse schätzt.
Platja de ses Salines, T 971 39 65 80, www.ibizamalibu.es, tgl. 10–20 Uhr, Winter geschl., €€€

Do the Crazy Horse
Jockey Club
Ibizas Beachclub-Legende, die seit 1993 das lässige Flair eines Chiringuito mit Party-Atmosphäre verbindet. Kenner kommen kurz nach 9 Uhr zum Frühstück, denn dann ist es hier noch schön ruhig!
Platja de ses Salines, T 971 39 57 88, www.jockeyclubibiza.com, Winter nur wochenends und Fei, sonst tgl. 9.15–21, Küche 12.30–18.45 Uhr, €€–€€€

Jung, schön, preiswert
Sa Trinxa
Hier entspannt sich vornehmlich müdes Partyvolk und feiert sich nicht selten direkt in den Abend hinein.
Platja de ses Salines, T 618 96 05 00, www.fb.com/SaTrinxaofficial, tgl. 10–21 Uhr, Winter geschl., €–€€

Für den Strand was auf die Hand
Ca'n Pep Tixedó
Im Supermarkt Ca'n Pep Tixedó haben sie frische Früchte und schmieren die besten Bocadillos für den Strand, die Sie sich wünschen können.
An der Straße zu den Stränden auf Höhe des Salzbergs (Holzschild »Supermarket«), www.supercanpeptixedo.com, tgl. 9–21 Uhr, €

 Stöbern & entdecken

Legendär
Flohmarkt Ibiza Rastrillo
Fast ein Muss ist der Besuch von einem der drei legendären (Hippie-)märkte Ibizas (die beiden anderen finden bei Es Canar und in Sant Carles statt). Omas handgezogene Zwergspargel, Radkappen, Trödel, Schallplatten, Bücher und viel Hippie-Chic sowie echte, authentische Hippies von früher (unverkäuflich) sorgen für einen charmanten Mix der hiesigen sozialen Flora und Fauna – und vielleicht sogar für ein skurriles Souvenir.
Im Hipódromo Sant Jordi, beim Kreisverkehr zum Flughafen und den Salines-Stränden, www.mercadillodesantjordi.com, ganzjährig Sa 9–14 Uhr

Weinverkostung
Vins de Tanys Mediterranis
Aus der auf eisenhaltigem Boden gedeihenden Monastrell-Traube zaubert eine der kleinsten Kellereien Europas einen hervorragenden Landwein. Noch ein Geheimtipp!
Carrer del Tudó, 13, Sant Jordi de ses Salines, nahe PM803, T 971 19 39 00, n. V.

Die Platja d'en Bossa ist so etwas wie das S'Arenal Ibizas. Aber wenn schon tanzen, dann am besten im Klassiker unter den Discotempeln, dem **Hï Ibiza** (ehemaliges Space, T 971 39 67 93, www.hiibiza.com, in der Saison Di–So, Beginn je nach Event, Ende 6 Uhr, Eintritt 40–80 €).) mit einer Kapazität von 2500 Personen, in den Rankings international eine der Top-Diskotheken auf dem Planeten. Anfang Mai beginnt mit der Opening Party traditionell die offizielle Clubsaison Ibizas und importiert ein Tanzpublikum aus aller Welt – bis zur Closing Party Mitte/Ende Okt.

#3

Salzige Erlebnisse – im Naturpark Ses Salines

Eine alte Villa, ein Wendekreis, eine alte Verladerampe mit Fließband, die ins Meer hineinragt: Während zur Linken das gechillte Beach Life seinen Lauf nimmt, mutet das Ende der Carretera Sa Canal wie aus der Zeit gefallen an. Tatsächlich wurde hier zu Hochzeiten der Salzernte das ›weiße Gold‹ der Insel verladen und verschifft.

Tauchen Sie ein in die salzige Kulturgeschichte Ibizas – und erleben Sie gleichzeitig ein Naturschauspiel! Denn neben den UNESCO-geschützten Denkmälern der Insel ist Ses Salines das einzige Naturerbe Ibizas. Es erstreckt sich zwischen dem Kap Punta de ses Portes und Formenteras Südküste. Die Salzwiesen an Land setzen sich auf dem sandigem Meeresboden durch eine Seegraswiese (Posidonia oder auch Neptungras) bis nach Formentera fort, wo es weitere Salinen gibt.

Unterwasserwelt

Die Wiesen bilden eine natürliche Barriere, die die Küste schützen, die Instandhaltung von Stränden und Dünen ermöglichen und zur Reinigung des Wassers beitragen – etwa 220 Tierarten finden im glasklaren Wasser einen idealen Lebensraum. Aufgrund der fantastischen Umweltverhältnisse tummeln sich unter Wasser sogar Barrakudas, Meeresschildkröten, Delfine und Seepferdchen.

Im Naturpark

Jeder Ibizenker war früher verpflichtet, eine Salzabgabe zu entrichten. Wollte er dem nicht in Naturalien nachkommen, so bezahlte er an der ›Universität‹ in der Dalt Vila seinen Steuer-Obulus. Auf diese Weise kam Ibiza zu erstem Wohlstand.

Mit Haut und Haar zu spüren, was Salz bedeutet, lässt sich auch ›oberirdisch‹ erfahren: Sie müssen nur die Strände (von Sant Jordí kommend) links liegen lassen und bei einem markanten riesigen Salzberg über die leicht halsbrecherische Seebrücke auf diesen zufahren (Fahrrad, Roller, Motorrad). Die holprige, aber idyllische Route wird zur Schotterpiste und führt am **Cap d'es Falcó** entlang – übrigens gerade im Winter ein toller Sunset-Spot, wenn hier die Sonne im Meer (und nicht hinter

Ses Salines #3

Algen der Gattung Dunaliella und Kleinkrebse färben die Becken der Salinen ebenso rosa wie das Gefieder der Flamingos.

den Hügeln) untergeht. Am Kap geht der Vorhang für ein Schauspiel der besonderen Art auf: Bis zum Flughafen erstrecken sich die Salzstöcke, die ausgetrocknet werden, um das Salz – früher unter sengender Sonne in primitiven, wasserdurchlässigen Espadrilles unter entsprechend harten Bedingungen in Körbe – zu verladen (filmisch dokumentiert im Heimatmuseum in Santa Eulària). Heute kommt schweres Gerät zum Einsatz.

Hier merkt man nichts mehr von der Wirtschaftlichkeit des salzigen Wattenmeeres, hier liegt eine tiefe Ruhe über dem gestauten Wasser, die nur ab und zu vom Tosen des Fluglärms zerschnitten wird. Für Hunderte von Vogelarten dienen die Salinen als Brutstätte. Prominenteste Vertreter – vielleicht bekommen Sie welche zu Gesicht – sind die rosa Flamingos, deren Federfarbe tatsächlich von ihrem immensen Algen- und Krebskonsum herrührt. Es ist ein erhabener Anblick, wenn sie im Winter über die totenstillen Seeparzellen fliegen. Die Salinen sind nicht begehbar, und das ist gut so: Nichts soll die vielfältige Tierwelt stören.

Der Weg endet netterweise mit einem Geheimtipp quasi am Ende der Welt – mit Blick auf Formentera: an der Platja ses Codolar, wo das **Experimental Beach** auf einen Cocktail oder einen zauberhaften Abend bei Sonnenuntergang einlädt.

KULINARISCHES FÜR ZWISCHENDRIN

Experimental Beach: Chill-out-Atmosphäre, Sonnenbetten, Buddhas, Musikriesel und Cocktails entschädigen für die etwas holprige Anreise zum Cap d'es Falcó (T 664 33 12 69, www.eccbeach.com, tgl. 10–24 Uhr, Winter geschl., €€–€€€).

Faltplan: E 7

Der Westen um Sant Josep

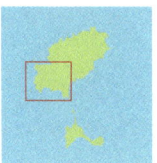

Berühmte Berge, Buchten und Strände – so könnte man Ibizas Südwesten umschreiben. Selbst, wenn viele die Berge nicht auf der Karte haben. Aber während die Buchten rund um Sant Josep de sa Talaïa von Schampusorgien bis zu Ufo-Kongressen schon eine Menge gesehen haben, bleibt es im hügeligen Hinterland ruhig und einsam. Willkommen in Ibizas beliebtester Ecke, in der man auch ohne Discostress feiern und ohne ausgetretene Tourismuspfade das Rauschen der Pinienwälder und ungeahnte Weitblicke erleben darf.

Die Küste von Sa Caleta bis Es Vedrà A–D 6/7

Der Küstenabschnitt im Südwesten ist Ibizas klassische Chill-out-Region. Von der ersten punischen Siedlung Sa Caleta bis hinauf zur magischen Felseninsel Es Vedrà reihen sich in den Buchten jede Menge Gelegenheiten, mal mehr, mal weniger teuer die Seele zwischen Buddhas, Strandbetten und Cocktailmusik baumeln zu lassen.

WAS TUN IM SÜDWESTEN?

Entspannt das Leben feiern
Chillen klingt nicht großartig nach Aktivität, aber es handelt sich um die gehobene Form des Strand-Abhängens und repräsentiert das moderne Ibiza in Reinform. Ich sage nur Café del Mar – das liegt zwar am Sunset Strip von Sant Antoni, aber das Chillen ist erst in den Buchten südlich der Cala d'Hort zu Höchstform aufgestiegen. Wermutstropfen: Es geht hier sehr teuer zu. Aber man sollte die Szenerie einmal erleben, die wirklich schön ist: eine Mischung aus coolem Abhängen, gut essen, nach Lust und Laune ein bisschen tanzen – wie auf einer privaten Hausparty, nur unter softer Dauer-DJ-Beschallung auf Liegestühlen und Sonnenbetten, zwischen Buddhafiguren, Windfähnchen, Klangschalen und Kellnern mit Headsets.

SCHLEMMEN, SHOPPEN, SCHLAFEN

 In fremden Betten

Finca forever!
Casa Can Yondal
Wenn Sie zu mehreren nach Ibiza kommen, ist es eine gute Idee, sich in einer der zahllosen Landfincas einzumieten. Diese hier bietet eine privilegierte Lage am höchsten Punkt über der Cala des Jondal. Genießen Sie von der Terrasse einen weiten Panoramablick über die ganze Bucht bis hinüber nach Port Roig. Fünf Schlafzimmer, Pool, großer Garten und Grill.
Kontakt und weitere Angebote über Mi Casa Tu Casa Ibiza, T 971 80 11 72, www.micasatucasaibiza.com, ab 6000 €/Woche

 Satt & glücklich

Am Wasser essen
Wenn sich Pinienzweige und das glitzernde Meerwasser im frischen Weißweinglas spiegeln, rundherum alles langsam im Abendrot versinkt und dazu ein paar chillige Klänge herüberwehen, dann ist die Welt in Ordnung – vielleicht abgesehen von den Preisen. Geht es um teures Essen, sind Ibizas Beachclubs nicht verlegen. Die ehemaligen, ursprünglich meist einfachen Strandbuden mit Bocadillos und kleinen Fleischgerichten sind zu den hochpreisigsten Speiselokalen der Insel mutiert, teilweise astronomisch teuer – das Erlebnis ist es aber durchaus wert. Ein Kontrast ist weiter südlich zu beobachten, in der Bucht von Sa Caleta (wir ›essen‹ uns von hier kontinuierlich bis in den Norden durch): Hier sieht man noch Familien in ihren Bootsschuppen auf ihrem Öfchen grillen, wie es früher in allen Buchten um die *kioscos* der Fall war. Wohl dem, der dorthin mal auf einen Fisch eingeladen wird – unbezahlbar (Sie wollen einen Bootsschuppen erwerben? Vergessen Sie's!).

Ursprünglich
Sa Caleta
Markante Klippen in Ocker und Rotbrauntönen umrahmen die Platja d'es Bol Nou mit ihrem flach abfallenden Sandstrand, der besonders bei Familien beliebt ist. Das seit 1988 von der Familie Pujolet geführte Lokal hat sich auf Fischgerichte und Paella spezialisiert – und ist für den *café caleta* berühmt. Das Gebräu aus Kaffee, aufgebrühten Kräutern, Brandy und Rum nahmen die

Der Westen um Sant Josep ▶ Die Küste von Sa Caleta bis Es Vedrà

Von Mythen magisch angezogen: Sunset Yoga an Ibizas heimlichem Wahrzeichen, der Felseninsel Es Vedrà

Fischer früher im Morgengrauen vor ihren Ausfahrten zu sich.
T 971 18 70 95, www.restaurantesacaleta.com, tgl. 13–1 Uhr, €€–€€€

Edel und teuer
Yemanjá
Direkt neben dem VIP-Beachclub Blue Marlin genießen Sie im zugehörigen Beach-Restaurant Yemanjá hochwertige mediterrane und asiatische Speisen, knackige Salate oder Paella mit den Füßen im Sand.
Cala Jondal, T 971 18 74 81, www.yemanjaibiza.com, Sommer Mo–Do 11–20, Sa/So 11–24, sonst tgl. 11–18 Uhr, €€–€€€

Unter Wacholder
Casa Jondal
Das neueste und teuerste Beach-Restaurant der Insel, das bei Promis von Jeff Bezos bis Leonardo DiCaprio sehr beliebt ist. Und ja: Es ist wirklich sehr gut!
Cala Jondal, T 699 18 49 54, www.casajondal.es, tgl. 13.30–18 Uhr, Winter geschl., €€€

Preiswert unter Palmen
Tropicana
Vergleichsweise familiär geht es am selben Strand im Tropicana zu, wo viele tagsüber ihren Hangover pflegen.
Cala Jondal, T 971 80 26 40, www.tropicanaibiza.com, Mo–Sa 10–18/20, So 10–23.30 Uhr, Winter geschl., €€–€€€

Streng geheim
Es Torrent
Geheimtipp in der gleichnamigen, sehr kleinen, feinen Bucht mit ›Kilómetro Cero‹-Politik: Frischfisch, der möglichst von den lokalen Fischern stammt.
Cala Es Torrent, T 971 80 21 60, www.estorrent.net, April–Okt. tgl. 11–23 Uhr, €€€

Vom Strand zur Kirche
Es Xarcu
Das beliebte Strandlokal ist vorübergehend nach Es Cubells übergesiedelt. Gegenüber der vielleicht schönsten Kirche der Insel gibt es typische Inselküche.
T 648 65 48 29, www.esxarcurestaurante.com, Mi–So Küche 13–22 Uhr, €€

Panoramatisch
Bar Llumbi
Der Meerblick aus der Bar an der Klippe von Es Cubells ist unvergleichlich, das Essen einfach, aber lecker, und die romantische Aussicht von der Terrasse die beste weit und breit.
Carrer Es Cubells, 2, T 971 80 21 28, Di–So 12.30–16.45, 18–22 Uhr, €–€€

Magische Orte – Sa Caleta, Cala d'Hort und Es Vedrà

Wo sich im Restaurant Sa Caleta Einheimische, Residenten und Urlauber mit Café Caleta die Sinne benebeln, führt ein Weg über die Halbinsel La Mola – hinter einem Bunker nur noch das Rauschen des Windes und des Meeres, vielleicht noch Geisterstimmen von den Ahnen Ibizas. Sie stehen an Ibizas Ursprung, einer 4 ha großen archäologischen Ausgrabungsstätte.

Sa Caleta 1 war Ibizas erste karthagische Siedlung (7. Jh. v. Chr.) und ist Teil des UNESCO-Weltkulturerbes. Schon hier bekommen Sie einen Vorgeschmack auf die Magie der Südwestküste.

Weiter nördlich an der Straße zwischen Cala d'Hort und Cala Vedella glotzen plötzlich **Steinstatuetten** unschuldige Autofahrer an – das ist nur ein Schaugarten eines Künstlers, der die alte Art, Wegmarkierungen zu setzen, dutzendfach umgesetzt hat. Aber ein Stück weiter tritt man hinter einer halsbrecherischen Auffahrt in eine offene Sohle mit Blick auf die magische Felseninsel Es Vedrà – und einigen, wenn auch spärlichen Grundrissen und Überresten einer weiteren Siedlung: **Ses Païsses de Cala d'Hort** 2 (5. Jh. v. Chr.)

Magnetisch: Es Vedrà

Unterhalb von Ses Païsses an der Südspitze liegt majestätisch das (un)heimliche Wahrzeichen Ibizas: der 382 m hohe Felsen **Es Vedrà** 3. Seefahrer behaupten, die Kompassnadel würde in seiner Nähe wild ausschlagen. Etliche Schiffe seien schon von ihm im Nebel angezogen und von seinen Klippen versenkt worden. Die Sirenen betörten Odysseus, der Mönch Francisco Palau wurde über seinen Meditationen auf dem Gipfel fast verrückt. Ein Riese hielt wie bei Hänsel und Gretel zwei Kinder gefangen, bis er an ihren Seeigeln erstickte. In neueren Zeiten zierte der Felsen das Cover von Michael Oldfields Album »Voyager« und wurde Gegenstand eines Ufo-Kongresses, der hier stattfand.

G
GLÜCK

Manche Einwohner Ibizas reiben sich am Strand der **Cala Es Bol Nou** westlich von Sa Caleta mit der roten Sanderde ein oder tragen sogar ein Säckchen davon um den Hals: Sie soll Glück und Gesundheit bringen.

Sa Caleta, Cala d'Hort und Es Vedrà #4

Noch nicht genug von Mythen? Dann weiter zum **Mirador des Savinar** 4 gegenüber oder bis zur mythischen Felsenstadt Atlantis: Ja, auch die liegt ›in Wirklichkeit‹ auf Ibiza! Richtung Cala d'Hort fährt man oberhalb der Bucht in einer Rechtskurve links in den Feldweg bis zu einem Parkplatz. Von dort zu Fuß geradeaus weiter, auf die gut sichtbare Felseninsel Es Vedrà zu, bis es links hoch zum oft fotografierten **Torre des Savinar** 5 geht. Unterwegs passiert man eine Höhle, die ein japanischer Hippie bewohnte und bemalte. Dann nimmt man einen der Trampelpfade links hinunter nach **Atlantis** 6: eine Hippiebezeichnung. Bei den unnatürlich wirkenden Steinquadern, die etwas an eine versunkene Stadt erinnern, handelt es sich um den Steinbruch Sa Pedrera, aus dem früher die Blöcke für die Mauern von Dalt Vila geschlagen wurden. Damit Sie unterwegs keinen weiteren Sinnestäuschungen erliegen: Bitte reichlich Trinkwasser mitnehmen!

Omnipräsent: Buddhaskulpturen und -zeichnungen wie hier bei Sa Pedrera

---

INFOS/ÖFFNUNGSZEITEN

Ses Païsses de Cala d'Hort 2: jederzeit zugänglich, April–Sept. Di–Sa 10–14, 17.30–20, Okt.–März Di–Fr 10–14, 16–18, Sa 10–14 Uhr, 20. Dez.- 20. Jan. geschl., Eintritt frei

KULINARISCHES FÜR ZWISCHENDRIN

Es Boldado 1: Platja Cala d'Hort, gegenüber von Ses Païsses den Weg hinunter, T 626 49 45 37, https://esboldadoibiza.com, tgl. 13–17, 19–22 Uhr, Winter u. U. mit Ruhetag, €€

Faltplan: A–D 6/7

Der Westen um Sant Josep ▶ Die Küste von Sa Caleta bis Es Vedrà

Alle schwer gechillt: Katzen auf einer Llaüt, dem traditionellen Fischerboot Ibizas

Klein, und wie fein
Ses Boques
Eines der besten Fischlokale der Insel, unterhalb von Es Cubells gelegen. Unter schön-schattigen Piniendächern speist man großartigen Fisch im Salzmantel (man hat mal durchgezählt: 1600 pro Saison) und Paella (6000 pro Saison, beides Vaters Spezialität), Süßes (Mutters Spezialität, z. B. 250 Zitronentartes pro Saison), gerne *para compartir*, also zum Teilen.
Platja de ses Boques, T 606 08 15 70, www.sesboques.com, tgl. 13–20 Uhr, Winter geschl., €€

Bei Weitem die Beste
Es Boldado
Die angeblich beste Paella Ibizas gibt es hier in der Cala d'Hort – auf jeden Fall genießen Sie sie mit dem besten Blick auf den Felsen Es Vedrà. Dafür nimmt man einen längeren Anfahrtsweg in Kauf.
Von der Landstraße am Hinweisstein 1,5 km Holperstraße hinunter, T 626 49 45 37, https://esboldadoibiza.com, Sommer tgl. 13–17, 19–22 Uhr, Frühjahr und Herbst Mo geschl., €€

Aus Wald und Meer
S'Illa des Bosc
In der Cala Comte wird es auf den Klippen des schicken Restaurants zu moderner mediterraner Küche hochromantisch.
T 971 80 61 61, www.silladesbosc.com, tgl. 10–23 Uhr, Winter geschl., €€

 Wenn die Nacht beginnt

Sündhaft chillig
Cova Santa
Im Landesinneren lockt eine vom Techno-/House-Club Amnesia (▶ S. 88) betriebene Eventlocation in die Naturhöhle mit Gourmetrestaurant, Lounge-Garten, Flamencoshows und After-Dinner-Partys.
Carretera San José Km 7, T 971 84 92 75, www.covasanta.com, Di–So Restaurant 20–24, Club 23–5 Uhr, Winter geschl., €€€

Der Kultigste?
Blue Marlin
Der bekannteste und vielleicht kultigste Beachclub Ibizas ist quasi eine Ibiza-Erfahrung in der Nussschale. Zwischen Mai und Oktober bereiten ausgezeichnete Köche eine Fusion aus mediterraner Küche mit orientalischen Aromen sowie feinsten japanischen Sushi. Nach Sonnenuntergang geht es direkt weiter mit Partys, auf denen House- und Techno-DJs auflegen (eher sanft).
Cala Jondal, T 971 41 01 17, www.bluemarlinibiza.com, tgl. Restaurant (€€€) 13–24, Party bis 4 Uhr, Winter geschl.

Der Westen um Sant Josep ▶ Die Küste von Es Vedrà bis zur Cala Comte

Feine Finca
Jul's
Einer der hochpreisigsten Venues auf Ibiza, der eine Welt für sich sein will: Das Restaurant kombiniert unterschiedliche Stimmungen, die Karte reist einmal von Griechenland bis Spanien, und da darf der Textilshop und die hauseigene Musik nicht fehlen. Zum Dinner (€€€) gibt es Musik oder Performances.
Edificio Can Toni Mariano, 145 (auf dem Weg zur Bucht Sa Caleta), T 871 03 53 30, www.julsibiza.com, tgl. 20–2 Uhr, Winter geschl.

Oder doch abrocken?
Can Jordí Blues Station
Die Musik-Akkus werden in der Can Jordí Blues Station aufgetankt: ehrliche, handgemachte Musik (Blues, Rock) und dazu ehrliche Snacks und Bocadillos.
Carretera Sant Josep (Landstraße PM 803) Km 7, zwischen dem Sal de Ibiza Store und Sant Josep, www.fb.com/canjordibluesstation, Mo–Fr 7–22, Sa 7.30–16 Uhr, €

Die Küste von Es Vedrà bis zur Cala Comte 📖 B 4–6

Ab der Cala d'Hort mit der markanten Felseninsel Es Vedrà beginnt ein neuer Abschnitt des Sant-Josep-Quarton: leider der etwas weniger attraktive. Die teils von Bettenburgen gesäumte Küste kann man oberhalb passieren, sie hält aber nette Abstecher parat.

WAS TUN IM WESTEN?

Cala-Cruising
Die **Cala d'Hort** mit ihrem türkisfarbenen Wasser, dem herrlich-weißen, mittelkörnigen Natursandstrand, guten Lokalen und dem Blick aus der von Steinfelsen umrahmten Bucht auf Es Vedrà ist ein Traum (wenngleich sie für Autofahrer in einer oft überlaufenen Sackgasse endet). Wer gleich dort seine Zelte aufschlagen möchte, kann im bescheidenen **Strandhotel Es Carmen** (T 971 18 74 49, mit sehr gutem Restaurant, €€) lustigerweise wie in einer Berghütte logieren – natürlich mit Bergblick: Jedes der acht recht schlichten, aber ordentlichen Zimmer hat eine grandiose Terrasse mit Blick auf Es Vedrà.

Die steinige **Cala Carbó** und die **Cala Molí** sind weitere hübsche Buchten – wie auch die kleine **Cala Codolar,** nicht zu verwechseln mit dem Kiesstrand am Flughafen.

An der krönenden **Cala Comte** gibt es alles, was man für einen Strandtag braucht: herrliches Wasser, einen traumhaften Blick, Ibizas neuesten Chiringuito (Escondida) und Restaurants.

Schließlich kommt schon im Einzugsgebiet von Sant Antoni der für viele schönste Strand Ibizas: die **Cala Bassa** mit einem schnurgeraden Strand vor einer Waldkulisse und dem einzigen Campingplatz an der Westküste.

SCHLEMMEN, SHOPPEN, SCHLAFEN

 In fremden Betten

Nah am Wasser gebaut
Hostal Cala Molí
Bescheidenes Hostal. Clou ist der Meerblick vom Pool und von allen Zimmern aus.
Urbanisación Cala Molí, T 971 80 60 02, www.calamoli.com, Mai–Okt., €–€€

Entspannt
Unio Ibiza
Gepflegte Anlage im Hotel-California-Stil mit Es-Vedrà-Traumblick.
Cala Carbó, T 971 80 84 24, www.caladoribiza.com, €€

 Satt & glücklich

Gerühmt
S'Espartà
Sehr beliebt und geschätzt, vor allem wegen der Paella und des Fischs.

#5

Ibizas Bergwelt – Tagesausflug zum Sa Talaïa

Stille. Natur. Nur ab und zu wird der leise Wind von einem einsamen Vogelschrei oder einem entfernten Motorengeräusch ›übertönt‹. Dichte Pinienwälder lösen sich mit breiten, fruchtbaren Ebenen ab, dazwischen stehen Zedern, Palmenbäume – als sollte man nicht vergessen, dass wir uns im Mittelmeer befinden. Rosmarin, Thymian und wilder Spargel wuchern wie Unkraut. Getoppt werden könnte das ›Höhenerlebnis‹ höchstens, wenn Sie einer Ginsterkatze begegneten – jener mysteriösen einheimischen Tierart, die man hier noch am ehesten antrifft.

Es muss nicht immer Strand und Meer sein: Wanderweg am Talaïa

Majestätische Berge, tiefe Täler, Totenstille zeichnen die Landschaft aus, die die Küste direkt landeinwärts mit Sant Antoni verbindet – aber fast alle Autofahrer kreiseln lieber über die kurvige Überlandstraße. Der **Camí de Benimussa** 1 ist etwas für Kenner und Naturfreunde. Die ganze Gegend ist nur von wenigen Finca-Bewohnern besiedelt und erweckt mit Erhebungen wie dem **Puig Gros** 2 (419 m) und dem **Puig de sa Pega** 3 (402 m) den Eindruck einer Berglandschaft. Ganz oben holt den wackeren Wanderer das berühmte Gipfelerlebnis ein, verbunden mit einem wildromantischen Traumblick. Etwa an der Kapelle **Sa Capelleta d'en Serra** 4 auf 393 Höhenmetern, die von einem tief religiösen Menschen namens Vincent Serra erbaut wurde, der sie als Dank für seine heile Rückkehr aus dem Ersten Weltkrieg errichtete. Auch wenn man sich quicklebendig fühlt: Auf Ibiza kommt man Gott selten so nah.

Der **Sa Talaïa de Sant Josep** 5 ist mit 475 m das buchstäbliche Highlight Ibizas. Nicht nur diese Tatsache sollte zum Marschieren verführen, sondern auch die traumhaften Panoramablicke. Sa Talaïa liegt etwa 2 km südwestlich von Sant Josep. Deshalb kann man den Berg von Sant Josep aus locker zu Fuß (oder mit dem Mountainbike) angehen. In einer Zwischensohle erschließt sich ein einsames,

Tagesausflug zum Sa Talaïa #5

naturbelassenes Ibiza, von dort schwingt sich noch einmal ein recht steiler Weg auf den Berg. Geschafft! Hier oben ist der Blick herrlich – besser sogar als am wirklich höchsten Punkt des Berges, den man auf einem Weg über das Plateau erreicht (gut erkennbar an den Funkmasten). Keine Frage: Wer nach einer Durchquerung der Serra Benimussa immer noch meint, Ibiza sei überall überfüllt, dem ist nicht mehr zu helfen.

Los geht es in **Sant Josep** bei der **Bar Destino** ❶, von dort nach rechts und hinauf zum Hotel Los Jardines de Palerm, ab da ist der Weg ausgeschildert. Mit dem Mountainbike führt der Camí de Talaïa von Sant Josep hinauf (in Richtung Cala Vedella bis zur Abzweigung nach Cala Tarida, dort geht es links hinauf).

Die Straße durch die Serra ist nicht nur eine Abkürzung von Sant Josep nach Sant Antoni. Etwa in der Mitte teilt sie sich und weist beide Wege dorthin aus. Der rechte führt aber direkt zum Ortsausgang von Sant Antoni, sodass man sich die unattraktive Durchfahrt sparen kann.

ANFAHRT/DAUER

Der Camí de Benimussa ist die Verbindung zwischen der PM 803 Eivissa–Sant Josep und der C 731 Sant Antoni–Eivissa (jeweils rechts ab, auf die Beschilderung achten!). Zur Capelleta d'en Serra geht ein in Magenta markierter Wanderweg vom Camí de Benimussa ab. Beschreibungen der Touren im Internet (www.ibiza.travel: Nr. 19/Straßenrouten, Tour Nr. 5/Mountainbike) sowie in den Touristeninfos. Dauer von Sant Josep auf den Talaïa etwa 1 Std., zurück 40 Min. Mit dem Mountainbike über den Forstweg sind es ab Sant Josep gut 40 Min. Wasser und Proviant nicht vergessen!

KULINARISCHES FÜR ZWISCHENDRIN

Bar Destino ❶: Carrer de Sa Talaïa 15/17, Mo–Sa 13–1 Uhr, ▶ S. 52

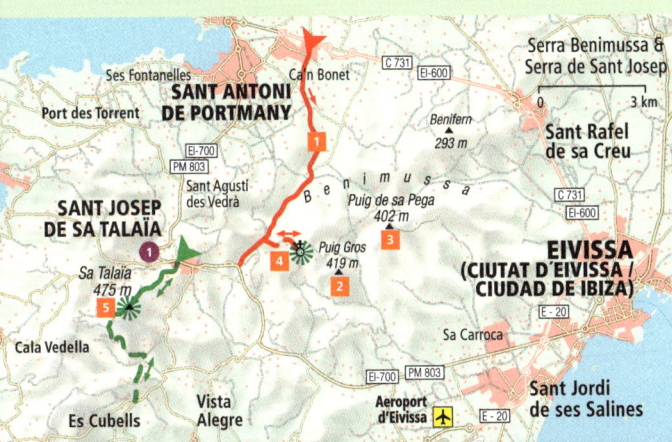

Faltplan: C/D 4–6 | ab Sant Antoni mit dem Pkw bis Sant Josep

Der Westen um Sant Josep ▶ Die Küste von Es Vedrà bis zur Cala Comte

Cala Tarida, Carretera a Cala Tarida Km 4, Richtung Sant Josep, T 971 80 02 93, https://restaurantsespartar.com, Di–So 10–24 (Küche 13–16.30, 19–23) Uhr, Winter geschl., €€

Sant Josep de sa Talaïa C 5

Das idyllische Bergdorf wurde im Zuge einer generellen Renovierung vor einigen Jahren hübsch herausgeputzt. Die Tradition mit sonntäglichem Kirchgang und Sozialleben ist intakt geblieben. Es gibt nur ein schickes Hotel sowie mehrere beliebte Anlaufstellen.

SCHLEMMEN, SHOPPEN, SCHLAFEN

 In fremden Betten

Hausmanns Lieblingshäuschen
Jardins de Palerm
Die Finca aus dem 17. Jh. mit blumenreichem Garten, zwei Designerpools und nur neun Zimmern wirkt wie mitten in der Natur, liegt aber nur zwei Gehminuten vom Ortszentrum entfernt. Der deutsche Künstler und Dadaist Raoul Hausmann wohnte während seines Ibiza-Aufenthalts hier.
Can Pujol d'en Cardona, 34, T 971 80 03 18, www.jardinsdepalerm.com, €€–€€€

 Satt & glücklich

Sant Josep hat vor allem stimmungsvolle Bars und Restaurants zu bieten, in denen es nicht sonderlich vornehm oder im Chichi-Stil der Beachclubs zugeht, sondern eher zur Sache. Hier erholt man sich von der Hitze am Meer mit Getränken, Tapas, Musik und guter Stimmung.

Tapas-Bestimmung
Bar Destino
In der kultigen Bar des Deutsch-Marokkaners Claudio Radke erfährt der Gast eine Tapas-Beratung auf höchstem Niveau und in unglaublicher Vielfalt. Kult ist besonders der Freitag – da gibt's nicht etwa Fisch, sondern Couscous.
Carrer de Sa Talaia 15, T 971 80 03 41, https://destinosanjose.es, Mo–Fr 18–1 Uhr, €–€€

Abhängen an der Straße
60 Grados
Relativ neuer Treffpunkt für Einheimische, Residenten und Urlauber mit Mini-Lounge in der Mini-Flaniermeile von Sant Josep. Das Restaurant 60 Grados lädt zum Abhängen, Schauen und Genießen ein.
Carrer de Pere Escanellas, 5, T 871 05 02 01, www.60grados.es, Di–So 19–24 Uhr, €€

Rustikal
Can Bernat Vinya / Raco Verd
Vor der Kirche von Sant Josep geht es im Einheimischenlokal **Can Bernat Vinya,** wo man die Tapas unter schattigen Bäumen essen kann, rustikal zu. Im **Raco Verd** nebenan herrscht manchmal schon zum Frühstück oder Lunch Partystimmung. Fast sitzt man hier auf der Straße, schnell kommt

---

> **EIN BISSCHEN ZOMBIE-TOURISMUS**
>
> **Festival-Club-Ruinen**
> In einer Einöde bei Sant Josep de sa Talaïa verbirgt sich der Festival Club, die verlassene Mutter aller Megadiscos. 1972 wurden Ibiza-Touristen allabendlich zu Tausenden per Bus hierher gekarrt, um fettige Paella zu essen, zu tanzen und trinken und im Amphitheater ›Stierkämpfe‹ mit Kälbern zu erleben. Die Ölkrise 1973 machte dem Amüsierpark nach nur zwei Saisons den Garaus. Mit seinen überwucherten Ruinen und Graffiti ist der Ort besonders in der Dämmerung von recht morbidem Reiz.
>
> An der PM 803 von Eivissa aus vor Sant Josep die erste Straße nach der Cepsa-Tankstelle rechts, dann links, die erste rechts und dieser Straße folgen, bis die Mauern des Geländes auftauchen (Betreten erlaubt).

Der Westen um Sant Josep ▶ Sant Agustí des Vedrà

Kaum noch zu sehen: typische Ibiza-Tracht aus früheren Zeiten

man ins Gespräch. Bei Konzerten im Innenhof ist der Laden oftmals brechend voll.
Can Bernat Vinya: Carrer Jardi,2, T 971 80 08 97, Di–Sa 6.30–23, So 9–16 Uhr, €; **Raco Verd:** Carrer de Pere Escanellas, 49, T 971 80 02 67, www.racoverdibiza.es, Mo–Sa 9.30 Uhr bis spät, €

 Wenn die Nacht beginnt

Hip, hip, hippiesk
Sunset Ashram / Chiringuito Escondida
Eine Institution in Sachen Sonnenuntergang ist das Sunset Ashram an der Cala Comte. Der Blick schweift über zwei Buchten, es herrscht hippieske Partystimmung, und das lässt man sich in den kleinen Höhlenkojen gerne gefallen, nach einem herrlichen Tag an einem der schönsten Strände Ibizas. Leider ist der Laden inzwischen sehr teuer geworden. Tipp 500 m links: der preiswertere **Chiringuito Escondida.**
Sunset Ashram: Cala Comte, T 661 34 72 22, www.sunsetashram.com, tgl. 10–24 Uhr, Winter geschl.; **Chiringuito Escondida:** https://calaescondidaibiza.com, tgl. 9–23 Uhr, Winter geschl., €

Sant Agustí des Vedrà C 5

Das Örtchen unterhalb von Sant Josep de sa Talaïa hält sich von der Lage her vornehm zurück, ist aber wegen seiner schneeweißen Mauern und noch weißeren Kirche zwischen üppigen Blumen einen genussvollen Abstecher wert.

Seinen Ruf als Künstlerkommune besitzt Sant Agustí, weil der deutsche Filmer und das Aussteiger-Urgestein Hans Helfritz mit Künstlerkollegen seit den 1950er-Jahren hier lebte. Die **Galerie Berri** (Mo–Fr 9–14, 17–20.30 Uhr, neben der Kirche) zehrt noch von diesem Ruf, sie zeigt Werke ibizenkischer und anderer europäischer Künstler. Sozialer Mittelpunkt ist die **Bar Berri** (Plaça Major, 3, www.barcanberri.com, Zeiten ▶ Website), bestes Restaurant am Platz das teurere, romantische **Can Berri Vell** (Carrer Illa des Bosc, 2, T 971 34 43 21, www.barcanberri.com, Mo–Sa ab 20 Uhr, Winter geschl., €€–€€€). Berri ist übrigens der Name der einst mächtigsten Familie des Ortes.

Sant Antoni und der Norden

Armes Sant Antoni. Die Hafenstadt, in der die Fähren vom Festland einlaufen, auf der anderen Inselseite, gegenüber Eivissa, hat ein Imageproblem. Die Rede ist von Ibizas Ballermann. Das Klischee von der Engländer-Partyhochburg kann man nicht wegreden. Aber den Beer-and-Booze-Tourismus zwischen ›Westend‹ und ›Sunset Strip‹ weiß die Stadt nicht nur durch ihre teils wild-romantische Umgebung, sondern auch wahre Ibiza-Klassiker wettzumachen. Gleich im Anschluss an das legendäre Café del Mar und einige kulinarische Geheimtipps warten Wanderrouten und Felsbuchten auf ihre Begehung.

Sant Antoni und der Norden ▶ Sant Antoni de Portmany

Sant Antoni de Portmany 🗺 C/D 4

Die Atmosphäre im zweitgrößten Ort Ibizas erinnert an Junggesellenabschiede. Der eigentliche Urlaubsmoloch ist jedoch Port d'es Torrent gegenüber mit Billighotels, Vergnügungsparks und Neppläden. Sant Antoni selbst ist Heimat des legendären Café del Mar und anderer Chill-outs. Außerdem gibt es hier einige kulinarische Highlights. In Richtung Norden wird die Küste wilder und romantischer, bis die Natur in der Ebene von Corona rund um die Weiler Santa Agnès und Sant Mateu zu Hochform aufläuft.

WAS TUN IN SANT ANTONI?

Entspannt das Leben feiern
Wer sich nach Port des Torrent vorwagt, trifft an **Sa Punta des Molí**, der alten Mühle am Meer, den letzten nostalgischen Flecken weit und breit an. Kaum zu glauben: Die Villa an der Mühle war für einige Zeit der Wohnsitz des deutschen Philosophen Walter Benjamin.

SCHLEMMEN, SHOPPEN, SCHLAFEN

🏠 In fremden Betten

Sporthotel
Hotel Florencio
Wer auf Ibiza Sport treiben will, liegt in dem bescheidenen Hostal, das sich inzwischen Hotel nennt, goldrichtig: Fahrradverleih (Ibiza BTT), Rad-Waschanlage und Reinigung für schmutzige Klamotten befinden sich direkt nebenan. Außerdem ist man sehr kooperativ, was Roller- oder Autoverleih angeht.
Carrer de Soledat, 32–38, T 971 34 07 23, https://hotelflorencioibiza.com, Mountainbikes (Ibiza BTT, www.ibizabtt.com) ab 19 €/Tag (ab 15 €/Tag bei Wochenmiete), auch Trekkingräder, Rennräder, E-Bikes, €

Sonnenuntergang vom Zimmer aus
Hostal La Torre
In dieser Unterkunft etwas außerhalb am Cap Negret genießt man den Sonnenuntergang über der Insel La Conillera gleich vom Balkon aus. Das Restaurant bietet eine gehobene mediterrane Küche, auch für Nicht-Gäste.
Urbanización Cap Negret, Carretera Cap Negret, 25, T 971 34 22 71, www.latorreibiza.com, €€

Buntes Leben und Treiben
Hostal Tarba & Bloom Restaurante ❸
Mittendrin statt nur davor, mit Pool und eigenem Restaurant in einem stilvollen, bunten, lebendigen Hotel – so was hat man doch gerne.
Carrer de Ramón y Cajal, 20, T 971 34 02 16, www.hostaltarba.com, €

🍴 Satt & glücklich

Was in der Partystadt Sant Antoni kaum jemand erwartet, ist die hohe Dichte hochkarätiger Restaurants. Die Bandbreite reicht von ausgezeichneter traditioneller Küche in der Kirche bis zu coolen, quirligen Tapaläden in der wildesten Ecke.

In einer alten Kirche
Sa Capella ❶
In einer alten Kirche, die nie geweiht wurde, tischen die Kellner gehobene mediterrane Küche auf, die auch schon Tom Hanks, Bruce Springsteen und Sting zu schätzen wussten.
Carrer Capella, 26, T 9/1 34 00 57, https://sacapellaibiza.com, tgl. 19–24 Uhr, Winter geschl., €€€

Im Sterne-Himmel
Es Tragón ❷
So teuer Ibiza auch ist, die Gerichte aus der Küche des ersten Michelin-Sternekochs der Insel sind in Relation zu deutschen Sterntempeln und Ibizas

Schickimicki-Restaurants ein wahres Schnäppchen!

Carretera Cap Negret, s/n, T 971 34 64 54, www.estragonibiza.com, Mi–Sa 19.30–22 Uhr, Winter geschl., €€€

Die Legende 2.0
Space Eat & Dance ❸

Lange war es sehr still um das legendäre Space, jetzt ist Ibizas Clublegende zurück. Das Konzept des Gründers Pepe Roselló (▶ S. 120) ist einfach: Ibizas Nostalgie einfangen und wieder erlebbar machen. Dazu gibt es mittags eine lokal geprägte, modern interpretierte Küche zu vernünftigen Preisen – und natürlich Musik.

Carrer General Balançat 23, T 871 11 27 79, www.spaceibiza.com, tgl. 12.30–3 Uhr, Winter geschl., €–€€

Best Cuisine
Es Rebost de Can Prats ❹

Im Zentrum wartet Es Rebost de Can Prats mit einem kleinen Rekord auf: Mit seiner gehobenen Ibiza-Küche lag das Lokal schon mal in den Top 150 der spanischen Restaurants.

Carrer Cervantes, 4a, T 971 34 36 04, www.esrebostdecanprats.com, Mi–Mo 13–16, 20–24 Uhr, €€

Schöner Innenhof
Es Ventall ❺

Richtig romantisch – das muss man bei der Lage dieses Restaurants inmitten der Stimmungshölle der City von Sant Antoni de Portmany betonen – geht es im Es Ventall zu. Man sitzt im Innenhof und genießt

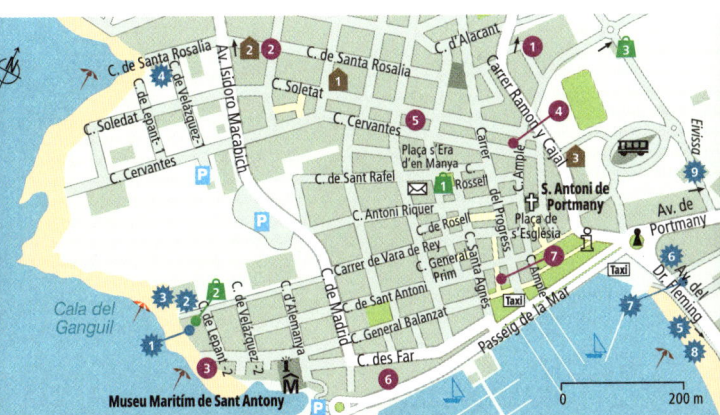

SANT ANTONI DE PORTMANY

In fremden Betten
1. Hotel Florencio
2. Hostal La Torre
3. Hostal Tarba & Bloom Restaurant

Satt & glücklich
1. Sa Capella
2. Es Tragón
3. Space Eat & Dance
4. Es Rebost de Can Prats
5. Es Ventall
6. Rita's Cantina
7. Rincón de Pepe

Stöbern & entdecken
1. Art & Mercat
2. Café del Mar Fashion
3. Can Rich

Wenn die Nacht beginnt
1. Café del Mar
2. Café Mambo
3. Mint Lounge Bar
4. Golden Buddha
5. Kumharas/ Platja Es Pinet
6. Eden
7. Paradis
8. Plastik-Ibiza
9. Pikes Ibiza

Soundtrack für den Sonnenuntergang – **Café del Mar**

Das Café del Mar ist eigentlich eine Katastrophe: Nicht weit entfernt parken Lastcontainer, nur eine heruntergekommene Mietskaserne begegnet dem Spaziergänger am zweitberühmtesten Sunset Strip zwischen der Bucht Caló des Moro und der City von Sant Antoni, …

…, aber man soll ja aufs Meer schauen, auf die vorgelagerten Inseln an der Cala Comte. Wie an einem unsichtbaren Faden geführt, fallen die Menschen vom Beach in die Brache ein, sichern sich auf den zackigen Steinen vor dem Café einen guten Platz, besorgen sich etwas zu trinken, packen den Picknickkorb aus und tun sonst nur drei Dinge: hören, schauen, warten – auf den einen kleinen täglichen Ohrgasmus, wenn der letzte leuchtende, die Seele wärmende Schlitz der Sonne hinter den schnurgeraden Horizont herunterfällt. Und der Prediger in der DJ-Kanzel setzt diesem Augenblick an seinen Reglern das musikalische Glanzlicht auf.

Butterweich geregelt

Als musikalischer »Erfinder des Sonnenuntergangs« (Süddeutsche Zeitung) gilt der DJ José Padilla. Der Legende nach schmeißt er 1975 als Hilfskellner die Serviette in die Ecke und nimmt im Hafen von Barcelona die nächstmögliche Fähre – nach Ibiza. Dort öffnet er einen eigenen Club, das Museum. Das Discoleben bewegt sich noch in bescheidenen Bahnen, ist doch der Discosound gerade erst ›salonfähig‹ geworden. Als jedoch 1980 in Sant Antoni das **Café del Mar** eröffnet, stellen die Betreiber zum Anlocken von Laufpublikum Musikboxen vor die Tür und beschallen die leere Szenerie mit Pop- und Rockmusik. 1991 beginnt Padilla, in dem Jugendstilladen als DJ aufzulegen. Und je mehr er in dieser Tätigkeit versinkt, umso öfter ›versenkt‹ er mit seiner Musiksteuerung akustisch die Sonne am Horizont.

Café del Mar #6

Am Café del Mar zelebriert jeder den Sonnenuntergang auf seine Art.

Er kreiert einen neuen Sound: sanft statt hektisch, butterweich statt discostampfig. Mit jedem Untergang der Sonne steigt die Stimmung. Immer mehr Menschen strömen zum Café del Mar. Padilla nimmt Kassetten auf und nutzt sein DJ-Pult als Verkaufsstand. Schließlich spricht sich der Sunset-Sound herum. Die Urlauber stellen ihre Uhrenwecker, um auf die Minute genau zum Sonnenuntergang an Ort und Stelle zu sein und zu erleben, wie sich Mutter Sonne unter Padillas Reglern verabschiedet, als würde ein riesiger Vorhang fallen.

Immergrün chillen

1994 dann der erste Sampler »Café del Mar«. Seitdem geht ein Klang um die Welt, der Beiläufigkeit und Entspannung mit melodiösem Gestus und frei improvisiertem Konzept von Techno-DJs verbindet: Ibiza-Urlaub fürs Wohnzimmer, Musik auf Kuschelkurs. Alles, was danach kam – Lounge und Chill-out – findet im Café del Mar seinen Ursprung. Padilla selbst ist schon lange nicht mehr von der Partie. Bis zu seinem Tod 2020 betreibt er einen eigenen Radiosender mit elektronischer Entspannung in der Dauerschleife, immer frisch, wie wenn man gerade aus dem Meer kommt (www.ibizasonica.com, 95,2 FM). Und mitten hinein sagt er: »Ich weiß übrigens auch nicht, was gleich passiert.« Nur der Sonnenuntergang, der kommt garantiert wieder: morgen um fast die gleiche Zeit. Auch wenn Padilla gegangen ist – seine Musik bleibt.

INFOS

Café del Mar: Carrer de Vara de Rey, 27, www.cafedelmaribiza.es, www.cafedelmarmusic.com, tgl. 16.30–1.30 Uhr, Winter geschl.

Faltplan: C 4 | **Cityplan:** Sant Antoni ▶ S. 58

Sant Antoni und der Norden ▶ Sant Antoni de Portmany

Drei Kreuze machen? Der Nordosten Ibizas ist ideal für motorisierte Ausritte.

modern interpretierte, ibizenkische Küche. Das vielleicht spannendste Lokal der Insel!
Carrer Cervantes, 22, T 971 34 17 29, www.restauranteesventall.com, Do–Di 19.30–24 Uhr, €€–€€€

Treffpunkt
Rita's Cantina ❻
Das quirlige, kleine Hafencafé direkt am Hafen verpflegt Nachteulen mit Kater und Tagestouristen – hier gibt's Kaffee, Bier und flüssige Vitaminbomben, Frühstück und ein günstiges Tagesgericht.
Carrer Madrid, 1, T 971 34 33 87, https://ritasibiza.com, tgl. 8–1 Uhr, €

Tapa-Himmel
Rincón de Pepe ❼
Steht Ihnen der Sinn eher nach typischen Tapas? Die gibt es eigentlich in jeder Bar, oder ganz professionell in der Selbstbedienungsbar Rincón de Pepe. Ein paar Häppchen, eine Copa Rotwein, mehr braucht's nicht zum Glück!
Carrer de Sant Mateu, www.fb.com/rincondepepeibz, Mo–Sa 13–16, 19–24 Uhr, €

🛍 Stöbern & entdecken

Stöbern
Art & Mercat ❶
Kunst- und Handwerksmarkt nördlich der Kirche in der Altstadt, im Angebot sind insbesondere Bilder, Schmuck, Taschen und Kleider.
Placa s'Era d'en Manya / Carrer Rosell, Fr ganzjährig 18–24, Okt.–Mai 10–16 Uhr

Reiche Auswahl
Café del Mar Fashion ❷
Wer zu Sunset und DJ-Beschallung auf den Geschmack kommt, findet hinter dem Café del Mar eine todschicke Merchandising-Oase: u. a. die berühmten Sampler, geschmackvolle Beach- und Leisure-Klamotten, Trinkgläser mit dem Schriftzug des Café del Mar.
Carrer Vara de Rey, 29 (›landeinwärts‹ hinter dem **Café del Mar** , ▶ S. 58), tgl. 15.30–24 Uhr

Das Accessoire zur Musik
Can Rich ❸
Etwas außerhalb lockt die Aussicht auf eine Weinprobe ins Weingut Can Rich,

Sant Antoni und der Norden ▶ Sant Antoni de Portmany

dem ersten rein biologischen der Insel. Auf 17 ha werden neben traditionellen Reben wie Monastrell und Malvasier mittlerweile auch die Klassiker Rioja, Cabernet Sauvignon und Chardonnay gezogen. Neben dem Weinkeller gehört eine Bodega dazu, die auch *hierbas* und Olivenöl verkauft.

Cami General, s/n, T 971 80 33 77, www.bodegascanrich.com, Mo–Fr 10–14 Uhr

---

Wenn die Nacht beginnt

Legendär
Café del Mar ❶

Sant Antoni hat einen eigenen Musikstil erfunden – den Café-del-Mar-Sound (www.cafedelmarmusic.com), das Original aller Chill-out-Produktionen. Die softpopjazzigen Klänge, häufig von namhaften Interpreten gemixt, haben hier ihren Siegeszug durch die Welt angetreten (▶ S. 58).

Mehr Bumbum
Café Mambo ❷

Rund um das Café del Mar haben sich einige Ableger etabliert, die ebenso mit DJ-Klängen dem Sonnenuntergang einen musikalischen Soundtrack unterlegen – wie das Café Mambo nebenan, das oft fürs Pacha und Amnesia einheizt.

Carrer de Vara del Rey, www.cafemamboibiza.com, tgl. 10–3 Uhr, Winter geschl.

Chill-in
Mint Lounge Bar ❸

Die an das Mambo angeschlossene Mint Lounge Bar schlägt zu Cocktails, italienischem Soul Food und Funk eher ruhigere Töne an.

Carrer de Vara del Rey, T 971 59 59 03, www.mintloungeibiza.com, tgl. 17–1 Uhr, Winter geschl.

Im Sound baden
Golden Buddha ❹

Abgeschlossen wird der Trip auf dem Sunset Strip vom Golden Buddha, das eine sehr entspannte Atmosphäre bietet, außerdem ist dies das einzige Chill-out, wo Sie direkt ins Meer gehen können.

Carrer de Santa Rosalia, 35, Caló des Moro (im Hotel Blaupark), T 971 34 56 33, www.golden-buddhaibiza.com, tgl. ab 9, Winter ab 13 Uhr

Entspannung bis der Arzt kommt
Kumharas/Platja Es Pinet ❺

Hippiesker geht es zu im Sunset-Restaurant **Kumharas** (Carrer de Lugo, 2, Cala de Bou, www.kumharas.org, tgl. 11–3 Uhr, Winter geschl.), einer Art Burg mit Boutique, Restaurant und Tanzfläche gegenüber in Port d'es Torrent (am deutlich sichtbaren Wehrturm) oder am Strand, der **Platja Es Pinet**.

Tanzen bis zum Umfallen
Eden/Es Paradis/Plastik-Ibiza

Noch nicht genug von Musik, Cocktails und Abendstimmung? Dann kann es eigentlich immer weitergehen. Wer mit dem **Eden** ❻ (Carrer Salvador Espriu, s/n, www.edenibiza.com, tgl. 0–6 Uhr, Winter geschl., Eintritt ab 40 €) oder dem **Es Paradis** ❼ (Carrer Salvador Espriu, s/n, www.esparadis.com, Eintritt ab 40 €) die einzigen Großdiscos außerhalb des Dunstkreises von Eivissa besuchen möchte, kann mit Tausenden Tanzwütigen und teilweise hochkarätigen DJ-Line-ups rechnen. Vorgeglüht wird in der legendären Vocal-House-

---

> ## NÖRDLICH WIRD'S CHILLIG
>
> Etwa 2 km hinter der Stadtgrenze Richtung Cala Salada (ausgeschildert) geht es durch eine Wohnsiedlung hinunter auf einem Wanderpfad zur **Punta Galera** (›Galeerenspitze‹), in der Sant Antonis *working class* vom Kellner bis zum DJ vor ihrer Nachtschicht gerne ausspannt. Nicht weit entfernt, nur über Pfade erreichbar: die Bucht mit dem inoffiziellen Namen **Cala Yoga.** Der Hippiename stammt von den zahlreichen Yogis, die hier regelrecht vorkonstruierte Yoga-Plattformen mit Aussicht aufs Meer vorfinden.

Folge dem Ruf der Natur – **Plá de Corona**

Kaum zu glauben, aber wahr: Gleich nördlich vom Urlaubsmoloch Sant Antoni erschließt sich einer der schönsten und bizarrsten Naturabschnitte Ibizas – am besten zu entdecken auf dem Waldweg hinauf zur Ebene von Corona. Auf diesem Naturtrip kann man zudem wunderbar ins Wasser springen, dichte Wälder und einen der besten Meerblicke genießen.

Beginnen wir doch gleich mit einer Erfrischung: Schon die zu Fuß von Sant Antoni erreichbare **Cala Gració** 1 lädt zum Baden ein. Wer gerne nackt badet, findet etwas weiter nördlich an der **Punta de sa Galera** 2 einen 20 m breiten Trassenstrand. Den Höhepunkt der hübschen Buchten nördlich von Sant Antoni bildet jedoch die **Cala Salada** 3, und hier befindet sich auch der Einstieg des Wanderwegs hinauf nach Santa Agnès de Corona. Mit dem Auto nimmt man die Zufahrt zur Cala Salada über die Straße Richtung Santa Agnès, dann geht es recht kurvig hinunter ans Meer.

Die versteckt gelegene **Cova de ses Fontanelles** 4 (auch als Cova des Ví bezeichnet) ist be-

Eine der schönsten Buchten der Insel und ideal für den Sonnenuntergang: die Cala Salada mit Blick auf die Cala Comte

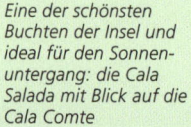

kannt für ihre Graffitti, die ein wohl karthagischer oder römischer, auf jeden Fall recht gelangweilter Wachsoldat auf verlorenem Posten angefertigt hat.

Das höchste der Gefühle

Unter dem Rauschen des entfernten Meeres und der Wälder sowie dem Gezirpe von Zikaden betreten wir die Corona-Ebene. Dort wartet der buchstäbliche Höhepunkt: **Heaven's Gate** 5 an der Punta Rota. Der Begriff stammt aus Hippiezeiten – schnell wird klar, wie es zu diesem Namen kam: Der Blick von hier aus übers Meer und die Felsformationen von Ses Margalides ist noch mal besser als von anderen Aussichtspunkten.

Eine Erfrischungsgelegenheit bietet das einfache Lokal **Las Puertas del Cielo** 1 in 1A-Lage, und kulturell Interessierte werfen nebenan einen Blick auf die umzäunten Reste der einzigen erhaltenen arabischen Siedlung **Penya Esbarrada,** ein Bauernhof aus dem 12. Jh., der nach der Reconquista 1235 verlassen wurde. Weiter geht es über das Sträßchen nach **Santa Agnès** 6 (▶ S. 64), einem Weiler mit wunderschöner Kirche und einem weiten Blick, am besten von der **C'an Cosmí** 2 aus. Von ihrem Balkon aus entfaltet die Corona-Ebene ihre ganze Schönheit.

Ein spezielles Erlebnis ist eine geführte Nachtwanderung rund um Santa Agnès. Sie findet im Winter bei Vollmond statt, damit man die weiß leuchtenden Mandelblüten sieht. Nur mit vorheriger Terminvereinbarung, im Voraus zu buchen über die örtliche Fremdenführer-Vereinigung (T 971 30 26 05, mobil 687 88 97 93, www.guiasibiza.com).

INFOS

Rückweg: Der Bus verkehrt nur selten, T 971 34 04 12 (17–19 Uhr), www.ibizabus.com, Linie 30.

KULINARISCHES FÜR ZWISCHENDRIN

Las Puertas del Cielo 1: Camí des Plá Corona Km 1,5, T 680 96 47 96, www.fb.com/puertasdelcielo.ibiza, tgl. 12–17 Uhr, €–€€

C'an Cosmí 2: im Herzen von Santa Agnès de Corona, T 971 33 99 20, Mi–Mo bis spät, Winter nur bis 22 Uhr, €. Szenetreff des Nordens mit inselweit gerühmter Tortilla und hauseigenem *hierbas.*

Faltplan: C/D 2/3

Bar **Plastik-Ibiza** ✦ (Carrer des Caló, 47, https://plastikibiza.net, tgl. 19–5.30 Uhr, Winter geschl.).

Legendäre Party-Finca
Pikes Ibiza ✦
Freddie Mercury hat hier seinen 41. Geburtstag gefeiert, George Michael mit Wham! das Video für Club Tropicana gedreht, Grace Jones war Stammgast. Sie alle und noch viele mehr hatten eine Affäre (oder auch mehr) mit dem 2019 verstorbenen Tony Pike. Eine Legende – Tony und seine Party-Finca.
Camí de Sa Vorera, T 971 34 22 22, www.pikes ibiza.com, Zeiten Restaurant/Events ▸ Website

Santa Agnès de Corona 🗺 D3

An der T-Kreuzung mit Wehrkirche sagen sich Fuchs und Hase gute Nacht, doch es gibt auch ein Schwein – sowie einen für die beste Tortilla Ibizas bekannten In-Treff.

Wer den Inselkenner mimen möchte, trifft sich am frühen Abend im ›wilden‹ Norden Ibizas in der Bar **C'an Cosmí** (▸ S. 63), bestellt bei Wirt Toni eine *tortilla española*, macht einen kurzen Verdauungsspaziergang zum vielleicht schönsten Sonnenuntergang Ibizas beim abends bereits geschlossenen **Las Puertas del Cielo** (▸ S. 63) und kehrt danach auf eine ibizenkische Nachspeise und den hausgemachten *hierbas ibicenca*, den es zur Rechnung aufs Haus gibt, wieder ins C'an Cosmí zurück. Einziger Haken: Finen der begehrten Plätze auf der Terrasse wird Toni nur echten Stammgästen freihalten …
Wie dem auch sei – Sie sollten sich ohnehin einen Blick in die **Església Santa Agnès de Corona** gönnen, vor allem wegen des Schweins: Auf einem Altarbild wird dem einstigen Haustier gedankt, das früher wichtiger war als ein Hund. Ob die rosa Tierchen auch Alarm gaben, wenn mal wieder Piraten die wenigen Bewohner dazu veranlassten, sich in der Kirche zu verschanzen, die Leitern hinaufzuziehen und hoffnungsvoll auf Gott zu vertrauen, ist nicht überliefert.

🍴 Bodenständig
Sa Palmera
Die Variante zur Bar Cosmí serviert ibizenkisch-rustikale Hausmannskost teilweise unter freiem Himmel.
Plaça Corona, 3, mittags, abends ab 20 Uhr, €

Sant Mateu d'Albarca 🗺 E3

Der Dreh- und Angelpunkt der Gemeinde Sant Mateu in der Ebene Camp Vell besteht ebenfalls aus einer Kreuzung mit Wehrkirche, vielleicht die eleganteste ihrer Art auf Ibiza. Sonst ist da eigentlich nicht viel. Allerdings kommt man schon halb berauscht von der Fahrt durch den hügeligen Norden an und kann sich beim Besuch zweier Bodegas (▸ S. 66) und der weiten Ebene von Mateu noch weiter ›verfahren‹.

Wandern zur ›Chinesischen Mauer Ibizas‹
Was kaum einer weiß: Zur Reconquista flohen die Mauren zunächst ans **Cap d'Albarca** und bauten dort eine Ringfestung. Die Wanderung dorthin ist abenteuerlich und führt vom Dorfkern (beschildert) oder gleich mit Wanderführer Toby Clarke auf den Lost City Walk (T 608 69 29 01, www.walking ibiza.com). Ebenfalls zu Fuß (oder übers Wasser) erreichbar ist die benachbarte Bucht **Es Portitxol**.

🏠 Wild und ruhig zugleich
Agroturismo Can Pujolet
Das familiär geführte Luxus-Landhotel steht mitten im Wald und beherbergt nur vier rustikal-geschmackvoll eingerichtete Doppelzimmer und Suiten, jedes

Zimmer mit großzügiger Terrasse fürs Frühstück. Außerdem Garten, Pool und eigene Bar.
An der Straße zwischen Santa Agnès und Sant Mateu, T 971 80 51 70, www.ibizarural.com, €€€

🍴 Gemeinsam gut essen
Juntos House
Viele vermissen das Can Cires und können sich mit dem hippen Nachfolger nicht so richtig anfreunden, doch man sitzt hier wunderschön und kann hervorragend essen – es lohnt sich, dem Juntos (dt. ›gemeinsam‹) eine Chance zu geben! Mit funky Outdoor-Cocktailbar, Picknickgarten und Boutique.
Im Ortskern, T 699 72 89 72, www.juntoshouse.com, tgl. 19.30–0.30 Uhr, €€–€€€

🍴 Unkompliziert
Ses Casetes Art Café
Hier wurde ein ehemaliger Lebensmittelladen mit Bar leicht umfunktioniert und modernisiert. Die traditionellen Gerichte schmecken im schönen Garten mit Blick auf die Kirche geradezu himmlisch.
Camí de S Pla, 2, direkt unterhalb der Kirche, T 971 80 50 85, https://sescasetesartcafe.com, Di/Mi, Fr–So 11–22, Do 11–24 (keine Küche 17.30–19.30) Uhr, €–€€

Sant Miquel de Balansat 🗺 F 2

Das von Bergen umgebene Sant Miquel ist ein unscheinbares Dorf, das sich nie völlig dem Tourismus hingegeben hat. Es ist auch nicht besonders groß, aber vergleichsweise riesig gegenüber den kleinen Weilern. Im Hafen Port de Sant Miguel unterhalb gibt es gute Lokale und hervorragende Wassersportmöglichkeiten. Und von der Tropfsteinhöhle Cova de Can Marçà führt eine traumhafte Route an der Steilküste entlang weiter zur berühmten Hippie-Trommlerbucht Cala Benirràs.

Jeder kann mitmachen: Trommler in der Cala Benirràs.

#8

Wasser predigen, Wein trinken – **rund um Sant Mateu**

Wer meint, Ibiza sei ausgedörrt, muss sich eines Besseren belehren lassen. Besonders der Norden ist ein Quell der Freude, was Wasser- und Weintourismus anbelangt.

Möchten Sie das wilde, bäuerliche Ibiza erleben? Ein Abstecher durch die bergigen, bewaldeten Szenerien von **Es Amunts** mit Pinienwäldern, Ackerland und Weinbergen präsentiert ein archaisches Ibiza, in dem Bauern noch von dem leben, was auf dem Feld gedeiht.

Ibizenkischer Wein

Tatsächlich ist die Region um Sant Mateu die fruchtbarste Gegend Ibizas und die perfekte Kulisse für einen Trip wie im Roadmovie »Sideways«. Besonders das Weingut **Can Maymó** 🛍 des Winzers Toni Costa und die Bodega Sa Cova, in der die beiden jüngsten Weingüter Ibizas, **Ojo de Ibiza** 🛍 und Blacknose (www.blacknose.net) ihre hochpreisigen Rotweine keltern, tun sich hervor. Auch das bekannteste Weingut der Insel, **Ibizkus** (www.ibizkus.com) baut seine Trauben u. a. rund um Sant Mateu an. Lassen sich einfach mal auf die heimischen Tropfen ein, die Qualität ist inzwischen großartig. Verkostungen sind nach Absprache möglich.

Auf dem perfekten Weintrip von Sant Antoní nach Sant Mateu

Gehen Sie zur Quelle

Wenn Sie zu Hause etwas zu erzählen haben wollen, was abseits der Ibiza-Klischees und erwartbaren Sehenswürdigkeiten liegt, sollten Sie zur ›Quelle‹ gehen. Es ist ja erstaunlich genug, dass Ibiza nie besonders ausgetrocknet wirkt und zum Großteil mit dichten Wäldern bedeckt ist. Würden Sie glauben, dass die Ebene von Sant Mateu einmal ein See war? Wohl spätestens, wenn Sie die maurische Wasseranlage von **Es Broll** 1 gesehen haben: Orangen- und Zitronenhaine gedeihen in dem engen Tal am Flüsschen Torrent Buscatell, für Touristenbusse unzugänglich. Die Zisternen und Kanäle bilden eine

Sie können den Weg über Es Broll und Sant Mateu auch gut mit dem Mountainbike absolvieren – auf einem Rundtrip über die Berge.

Rund um San Mateu #8

Ibizas Weinreben sind robust und wurzeln tief, schließlich müssen sie mit wenig Wasser auskommen. Dafür ist ihr Aroma umso intensiver.

der ältesten Bewässerungsanlagen aus maurischer Zeit. Die Terrassenfelder sorgen mit ihrem raffinierten Leitsystem dafür, dass auch Wein gedeiht: Öko von gestern, das bis heute funktioniert und die Umwelt schonend behandelt. Man kann das burgähnliche Gelände teilweise begehen, und man staunt, wie gut es heute noch funktioniert.

ANFAHRT/INFOS

Can Maymó 1: ab Sant Mateu ausgeschildert, T 971 80 51 00, www.bodegascanmaymo.com, n. V.
Ojo de Ibiza 2: Carretera Sant Mateo, s/n, T 625 54 09 11 www.ojoibiza.com, n. V.
Es Broll 1: von Sant Antoni Richtung Sant Mateu, bis rechts am Abzweig ein Schild Richtung Buscatell weist. Bei der Kreuzung der PM V 812-2 geradeaus auf dem Wanderweg bleiben. Er führt von der Quelle Es Broll nach Sant Mateu (ab der Kreuzung 30 Min.). Sie können den Weg auch mit dem Auto befahren, aber das ist recht beschwerlich (teils eng, Steigungen). Von Sant Mateu: dorfauswärts ein Stück auf der Straße PMV 804-1, kurz hinter dem Abzweig SN 2 rechts in den Wald hinein. Wegstrecke etwa 40 Min.
Mountainbikeverleih bei Ibiza BTT in Sant Antoni am Hotel Florencio, Carrer de la Soledat, 32, T 971 34 89 49, www.ibizabtt.com, auch ▶ S. 56.

KULINARISCHES FÜR ZWISCHENDRIN

Das Restaurant **Juntos House** 1 (▶ S. 65) in Sant Mateu ist für viele die kulinarische Belohnung nach der Wandertour.

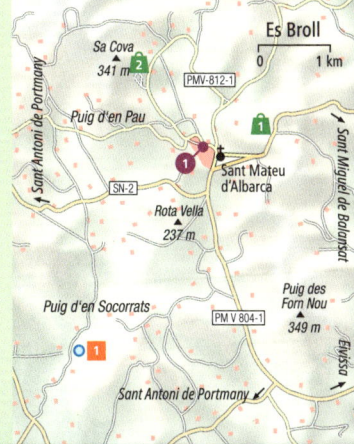

Faltplan: D/E 3/4

Sant Antoni und der Norden ▶ Sant Miquel de Balansat

Highlight am Wegesrand zur Cala de Benirràs: die Cova de Can Marçà

WAS TUN IN SANT MIQUEL?

Ibizas Traditionen erleben
Wenn man überhaupt noch eine ursprüngliche Ibiza-Tracht zu sehen bekommt, dann wohl am ehesten in der vielleicht bodenständigsten Ortschaft der Insel: z. B. bei Aufführungen des ibizenkischen Volkstanzes, bei dem der Mann wie ein Gockel um die Frau hüpft. Der Tanz ist ein ähnliches Balzritual wie das, bei dem potenzielle Ehemänner bei der Familie der Angebeteten vorsprachen und die Braut entführten, wenn sie keinen Erfolg hatten – spätestens dann war die Sache klar.

Donnerstein!
Auf dem Kirchplatz lohnt es sich, genauer hinzusehen: Eine graue Bodenplatte links vom Eingang zeichnet sich durch kleine schwarze Flecken aus – die Männer schossen früher auf den *mac des tro* (›Donnerstein‹), um auf dem inoffiziellen Heiratsmarkt des Dorfes Eindruck zu schinden.

Església de Sant Miquel
Vom Naturhafen Port de Sant Miquel aus ist die mächtige Wehrkirche gerade noch sichtbar – reine Berechnung, damit die Glockentöne bei einem Piratenüberfall noch hier gehört wurden.
Sommer Mo–Sa 10–14 und 15–20, Winter Di–Fr 9.30–13.30, 16.30–19 Uhr, Messe Sa 18.30, So 11 Uhr, Tanzvorführung in der Saison Do ab 18.15 Uhr, 5 €

Schmuggeln, trommeln, träumen
Sant Miquel ist nicht eben reich an touristischen Besonderheiten, wenige Ausflügler verschlägt es hierher. Dafür ist die Umgebung reich an interessanten Einfällen. Die Tropfsteinhöhle **Cova de Can Marçà** (Apartado de Correos 25, T 971 33 47 76, ganzjährig tgl., 10,50 €) etwa wurde früher von Schmugglern als Warenlager benutzt und ist heute wieder (fast) in ihren ursprünglichen Zustand zurückversetzt: Highlight ist mit Sicherheit der Wasserfall, der nun wieder so sprudelt wie vor 100 000 Jahren.
Was Schmuggler in der Gegend sicher nicht praktiziert haben, ist es, unter Dehnen des Körpers den Blick über die bewaldeten Berge oder übers Meer schweifen zu lassen. Dafür ist die Gegend heute ein wahres Yoga-Paradies – es gibt vielerlei professionelle Retreats, um ›in den Hund zu gehen‹ und angesichts der Wälder ›die

Tanne im Wind‹ zu geben. Oftmals dienen sie auch zur Übernachtung und bieten mehrtägige Kurse an.
Und dann wäre da noch die wohl mystischste Bucht hier oben im Norden, die berühmte **Cala Benirràs**, in der schon Nina Hagen barfuß am Strand geheiratet hat – vermutlich unter dem großem Getrommel, für das die Bucht berühmt ist.

nem Szenelokal und Outdoor-Bar. Im Mira kommt in einem zauberhaften Innenhof eine raffinierte internationale Küche mit ibizenkischen Einflüssen auf die Teller. Quasi als Digestif kann man sich dann noch in der **Galerie Gathering** (www.gathering.london) mit Hauptsitz in London zeitgenössische Kunst zu Gemüte führen.
Carrer Vicent Serra, 4, T 650 29 09 67, www.mirabygathering.com, Do–Mo 19.30–24 Uhr, €€–€€€

SCHLEMMEN, SHOPPEN, CHILLEN

 Satt & glücklich

Dolce vita und Romantik
La Luna ne'll Orto
Geboten wird liebevoll zubereitete, hochwertige italienische Küche unter Baumdächern oder im hübsch dekorierten Innenbereich.
Carretera del Puerto, am Ortsende Richtung Port de Sant Miquel, T 971 33 45 99, www.lunanellorto.com, April–Juni, Sept./Okt. Mi–Mo 19.30–23.30, Juli/Aug. tgl. 19.30–24 Uhr, €€€

Pizza-Kunst
Pizza Brothers
Auf den ersten Blick eine typisch spanische Kneipe mit Fliesenboden und Neonlicht. Auf den zweiten Blick die vielleicht beste Pizzeria der Insel.
Carrer Joan Planells i Torres, 2, T 971 33 40 83, pizzabrothersibiza, Do–So 13–23.30, €–€€

Brot und Spiele
Can Sulayetas
Der Duft von Grillfleisch liegt eigentlich immer in der Luft. Dienstags vermischt er sich mit dem Aroma gerösteter Sardinen. Die eigentliche Spezialität aber sind die Montaditos, also kleine belegte Brötchen – nur eben viel besser.
Vénda de Rubió, 127 (Straße zwischen Sant Miquel und Isla Blanca), T 971 33 45 67, Di–So 10–23 Uhr, €

Kulturtipp im Norden
Mira by Gathering
Wenn man etwas in Sant Miquel nicht erwartet, dann ist es eine internationale Kunstgalerie mit angeschlosse-

Portinatx G 1

Der Küstenort hat sich zum hippen Urlaubstreff auch junger Leute in Ibizas Norden entwickelt. Der breite Ortsstrand hat hinter einer schmalen Felszunge links einen kleineren Ableger, den schönen, von Felsen umschlossenen Naturhafen Cala es Port, der zu einem Tauch- und Romantikurlaub einlädt.

WAS TUN IN PORTINATX?

Im ganz am Ende einer kleineren Bucht gelegenen romantischen Hotel **Los Enamorados** (›die Verliebten‹, T 971 33 75 49, www.losenamoradosibiza.com, €€€) können Sie vom Zimmer aus fast die Füße ins Wasser baumeln lassen – allerdings zu Honeymoon-Preisen.
Wer am Tauchen Spaß hat, kann die Tauchschule **Subfari** (T 971 33 75 58, www.subfari.net) nebenan nutzen, da es unter Wasser wirklich was zu staunen gibt, von der Höhle des Lichts bis zur berühmten Kathedrale.
Und Yoga-Freunde werden im Schneidersitz eins mit der Natur: Ein paar Fußminuten vom Ortskern entfernt lassen Sie etwa bei **Yoga Ibiza Hella** (T 971 33 32 54, www.yogaferienibiza.de) in sehr angenehmem Ambiente die Seelen baumeln. Nach der morgendlichen Entspannung wird gemeinsam gefrühstückt, und man kann auch direkt hier übernachten.

Orgien und Mysterien mitten im Wald – **die Höhle Es Cuieram**

Freiheit, Götterverehrung – und vielleicht ein bisschen Sex: Die Höhle Es Cuieram ist eine Art vorgegriffene Hippie-Kultstätte. Sie verehren in den Berghöhlen noch heute die punische Göttin Tanit.

»Die Kultstätte der Tanit hatte Priester, Priesterinnen, Beamte und Diener zu ihren Diensten. Unter den Diensten gab es Knaben und Mädchen, die die heilige Prostitution ausübten, um den Schatz der Göttin zu bereichern«, legt sich der Inselhistoriker Mario Planells fest. Aussteiger mit Götterfiguren und freier Liebe im Gepäck: die Punier als frühe Hippies? So kann es zumindest anmuten, vor allem weil es ins Hippie-Weltbild der 1970er-Jahre passt.

Göttin der Liebe und der Fruchtbarkeit

Archäologen definierten die Tropfsteinhöhle nach Ausgrabungen 1909 als Kultstätte der phönizischen Karthager, die seit 654 v. Chr. die ›Insel des Bes‹ als Handelsposten nutzten. Die Höhle weist natürlicherweise die typische dreigeteilte Struktur antiker Heiligtümer auf: Eingangshalle, äußerer Saal und ein zentrales Sanctorum, das den Hohepriestern für heilige Rituale vorbehalten war. Die Höhlenräume dienten seit etwa 425 v. Chr. über drei Jahrhunderte hinweg als Kultstätte: zunächst zu Ehren des Gottes Resef-Melkart, dann der Göttin Tanit. Astarté, wie ihr ursprünglicher phönizischer Name lautete, war die Göttin der Liebe und der Fruchtbarkeit. Tanit beherrschte den Himmel, den Mond und als Göttin der Fruchtbarkeit auch den Regen.

Dass hier etwas ›abgegangen‹ ist, daran besteht kein Zweifel. In den Räumen der Höhle wurden Juwelen, Schmuck, Leuchter, Inschriften, die Asche der Priesterinnen sowie etwa 1000 Keramikstücke und 600 Terrakottafiguren gefunden, manche noch mit einer Goldschicht überzogen. Höhepunkt ist der Fund der beeindruckend lebhaften

Hippies nutzen die Höhle angeblich nicht allein wegen ihres beliebten Tanit-Kultes, sondern in Würdigung ihrer Eigenschaft als Fruchtbarkeitsgöttin – zum Sex.

Es Cuieram #9

Tanit-Skulpturen, die heute im Archäologischen Museum in Eivissa stehen (▶ S. 21). In einer nahe gelegenen Finca fand man sogar das voll ausgestattete Grabmal eines Tanit-Dieners.

Im punischen Heiligtum

Vermutlich liegt der Grund für die stille Verehrung in den Kulten, die ihr in den Anfangszeiten der Zivilisierung Ibizas dargebracht wurden: Vom Gottesdienst bis zur Sexmesse sind der Vorstellungskraft keine Grenzen gesetzt. So beschrieb Mario Planells in »Geheimnisse Ibizas von A bis Z« übliche Rituale zu Ehren »unserer Lieblingsgöttin Tanit« in allen Facetten, die der »wollüstigen« Göttin zugesprochen werden. Ob sie jemals in dieser Höhle stattgefunden haben, wissen die Götter – vermutlich ging die Fantasie mit Planells etwas durch.

In der dunklen, kühlen Höhle, die man erst nach einer kurzen, aber steilen Wanderung erreicht, bedarf es einiger Einbildungskraft, um sich vorzustellen, was hier abgegangen sein soll. In der Aussteiger- und Hippieszene spielt Tanit aber bis heute eine tragende Rolle. Von der Finca-Verzierung bis zum Töpferladen ist Tanit auf der Insel so allgegenwärtig wie der Chill-out-Buddha. Der Mythos lebt.

Bitte nicht enttäuscht sein, wenn Sie vor verschlossenen Gittern stehen: Manchmal bleibt die Höhle einfach geschlossen. Betrachten Sie Ihren Einsatz als schöne Wanderung …

Der Göttin Tanit werden in der Höhle nach wie vor Devotionalien und Opfergaben wie Blumen oder frische Früchte zugedacht.

INFOS/ÖFFNUNGSZEITEN
Von Cala de Sant Vicent rechts (bzw. Sant Vicent de sa Cala links) der Beschilderung folgend den Berg hinauf. Vom Parkplatz noch ca. 10 Min. zu Fuß (9.30–13.30 Uhr, Eintritt frei).

KULINARISCHES FÜR ZWISCHENDRIN
Es Cafè Casa Pepe (Can Vicent de Sa font, 1, T 971 32 01 34, auf Facebook, Mi–So 13–16, 19–22.30 Uhr, €) kurz vor Sant Vicent de sa Cala bietet in einer alten ibizenkischen Finca eine herausragende thailändische Küche.

Faltplan: H 1

Sant Antoni und der Norden ▶ Rund um Sant Joan de Labritja

SCHLEMMEN, SHOPPEN, SCHLAFEN

In fremden Betten

Großherzig
La Cigüeña
Ein familiengeführtes Hotel in bester Lage mit geschmackvoll renovierten Zimmern. Zum Hotel gehören die Restaurants **El Cigüe** (Snacks und Burger, €) sowie **Niu** (mediterran, €€) – beide mit Meerblick.
Platja s'Arenal Petit, T 971 32 06 14, www.laciguenya.com, €–€€

Satt & glücklich

Ibizenk 2.0
Rebrots
Eines der besten New-Ibizenk-Restaurants der Insel. Ein echter Insidertipp!
Carrer S'Arenal Petit, 34, T 971 32 06 09, www.fb/restaurantrebrots, @restaurantrebrots, Mi–Mo 12–24 Uhr, €€

Sechster Sinn
Six Senses The Beach Caves
Die perfekte Location für ein romantisches Dinner am Meer – auch für all die, die sich kein Zimmer im derzeit wohl besten Hotel der Insel leisten wollen.
Camí de Sa Torre, 71, Sant Joan de Labritja (aber näher an Portinatx), T 871 00 56 06, www.sixsenses.com/en/resorts/ibiza/dining/beach-caves, April–Okt. Mi–So 19–22.30 Uhr, €€€

Rund um Sant Joan de Labritja
📍 G–J 1/2

Eine Straße, die sich bergauf durch die wenigen Häuser zieht, eine Wehrkirche, ab und zu läuft ein Hund über den Weg: Das ist Sant Joan, wie es leibt und lebt. Und dann ist da noch der sonntägliche Hippiemarkt, der charmanteste der Insel!

WAS TUN RUND UM SANT JOAN?

Ganz in die Natur eintauchen
Die meisten Reisenden passieren Sant Joan und ziehen weiter: in die Cala Benirràs, in die Ferienorte Portinatx und

Hidden Beach im Norden: die Cala d'en Serra mit ihren traditionellen Fischergaragen

Sant Antoni und der Norden ▶ Rund um Sant Joan de Labritja

Cala de Sant Vicent oder auch in die gebuchte Finca – was wir nur empfehlen können, wenn man zu mehreren ist. Hier oben liegen viele Fincas in den Bergen, was die Anfahrt vielleicht erschwert, aber die Umgebung versöhnt schnell wieder damit: Einfach vor die Tür gehen und loswandern, Bergblicke genießen, Fahrradtouren oder Ausritte unternehmen. Am Ende gelangt man im Optimalfall an einen schönen Strand. **North Ride Ibiza** bietet sogar Ausritte an, bei denen man am Ende eines schönen Rittes über die Berge samt Pferd im Wasser landen kann. Auch mit **Horse Valley** können Sie einen Ausritt unternehmen. Lange Hosen und Turnschuhe o. Ä. sind jeweils erforderlich.

Ein paar weitere kleine Tipps liegen auf den bergigen Wegen zwischen Sant Joan und Portinatx: In der **Cala d'en Serra** haben zwar Spekulanten-Bleichgesichter eine Bauruine gesetzt, aber der steile Abstieg lohnt sich, um eine der unberührtesten Buchten des Nordens zu entdecken. Von der Cala d'en Serra aus führt außerdem ein Weg direkt am Meer entlang zum Leuchtturm **La Moscarter**, dem markanten Signalgeber mitten in der Landschaft von Portinatx.

Entscheidet man sich von Sant Joan aus eher für die östliche Richtung nach **Cala de Sant Vicent,** schlängeln sich die Pfade und Straßen durch eine weitläufige Berglandschaft bis weit hinunter ans Meer.

Auf einem Berg vor der Küste haben die Götter ihren Wohnsitz, und zwar in der **Höhle von Cuieram,** wo schon vor Tausenden von Jahren Ibizas Göttin Tanit (▶ S. 56) verehrt wurde. Sogar Sexorgien sollen ihr zu Ehren stattgefunden haben. Die 390 m weite, arenaförmige Strandbucht von Cala de Sant Vicent ist zwar von Hotelkästen gezeichnet, aber atmosphärisch ist das nicht ganz so schlimm wie die Großbadesiedlungen weiter südlich. Natur- und Wanderfreunde kommen spätestens bei einem Ausflug zu den 174 m hohen Klippen der **Punta Grossa** auf ihre Kosten.

North Ride Ibiza: zwischen Sant Joan und Portinatx, von der alten Straße abgehend, nahe

Möchten Sie sich mit Butifarra, Ibiza-Salz und -Weinen eindecken? Der kleine Supermarkt von **Sant Joan** ist eine echte Alternative zu den üblichen Eroski-Märkten, mit bester Auswahl an lokalen Spezialitäten. Auch der örtliche Markt ist einen Besuch wert (So 10–15 Uhr): Heimische Produkte, Kunst sowie Hippiemode und -Accessoires. Ausschließlich Waren von der Insel finden Sie auf dem Forada-Markt bei **Sant Antoni** (Sa).

der Cala d'en Serra, T 669 60 40 83, www.northride-ibiza.com, ganzjährig Ausritte z. B. Bergzauber ab 90 €; **Horse Valley,** Lloc Can Batista, s/n, T 680 62 49 11, www.ibizahorsevalley.com, Ausritt ca. 4 Std.

SCHLEMMEN, SHOPPEN, SCHLAFEN

 In fremden Betten

Stadthotel im Dorf
Gare du Nord
Ein Geheimtipp im Norden ist dieses Boutiquehotel mit geschmackvoll puristisch eingerichteten Zimmern. Sehr empfehlenswert ist auch das zugehörige **Bistro Mondo** nebenan (Nr. 13, T 697 345 791, www.bistro-mondo.com, Küche Di–So 10–16, 18–21.30 Uhr, €–€€)!
Carrer de sa Cala, 11, Sant Joan, T 619 25 11 06, www.garedunordibiza.com, €–€€

 Satt & glücklich

Rustikaler Charme
Vista Alegre
Sozialer Treffpunkt aller Einheimischen und Hippies. Einfache Bar, netter Service, ehrliche ibizenkische Küche.
Plaça d'Espanya, Sant Joan, T 971 33 30 08, Di–Sa 8.30–16, So 9–16 Uhr, €

#10

Wochentreff und Insel-Institution – der Hippiemarkt

Die Hippiemärkte sind aus Ibiza nicht wegzudenken und schon allein wegen ihrer Besucher und Betreiber sehenswert: den alten und jungen Hippies, die schon längst zu Ibizas Gesellschaft gehören.

1954 beschloss Bauer Juan in Sant Carles, den umliegenden Bewohnern auf seinem Grundstück einen Social Club für gesellschaftliche Events von Tanz und Taufe bis zu (vom Priester genehmigte) Filmvorführungen einzurichten: **Las Dalias** 🛈, benannt nach den schönen Blumen rund um das Anwesen. Später, als in den 1970er-Jahren die Hippies nach Ibiza strömten und selbst gemachten Schmuck und Kunst verkauften, um damit ihren Lebensunterhalt zu verdienen, kam Sohn Juanito die Idee, den bereits florierenden **Hippy Market Punta Arabí** 🛈 einfach zu kopieren. Der Markt von Punta Arabí ist immer noch schön, mit seinen 400 Ständen zudem der größte Markt vor Ort und mit Livemusik und Kinderprogramm ideal für Familien, doch in puncto Charme und Flair hat Las Dalias dem Original den Rang abgelaufen.

Wie dem auch sei. Auch auf **Las Dalias** begann also der Handel mit Leder, Schmuck und Ringen, ganz zu schweigen von der Adlib-Mode, Haarbändern und Röcken, die noch heute in Läden und auf den Märkten ihre Abnehmer finden. Die rüschigen, flatternden Umschlagtücher, Espadrilles und Strohhüte der Einheimischen wurden durch die Verschmelzung mit Hippie-Chic schlagartig zur Mode, als 1971 die jugoslawische Schauspielerin und Promi-Adlige Smilja Mihailovitch in Adlib-Kleidung als förmliche Botschafterin den neuen Ibiza-Stil in der ganzen Welt bekannt machte. Vorher hatte José Colomar, Ibiza-Vizepräsident für Tourismusförderung, die Marke Adlib erfunden, deren Namen auf den lateinischen Ausdruck *ad libitum* (nach Belieben) zurückgeht. Nach wie vor sind Adlib-Klamotten auf den Hippiemärkten präsent.

K KOMISCH

Lust, im ehemaligen Wohnhaus eines waschechten Komikers und Hippiefans zu übernachten? Die frühere Finca des **Agroturismo Can Talaias** 🛈 (T 971 33 57 42, www.cantalaias.net, €€) gehörte dem englischen Filmkomiker Terry-Thomas – der Bindestrich ist übrigens eine Hommage an seine Zahnlücke –, bekannt aus Filmen wie »Eine total, total verrückte Welt« oder »Tollkühne Männer in ihren fliegenden Kisten«. Wie Sie hinkommen? Von Sant Carles aus auf der Straße nach Es Figueral nach 2 km erste Möglichkeit rechts, ab dem Spar-Minimarkt dem Wiedehopf folgen (weitere Anfahrttipps ▶ Website).

Hippiemarkt #10

Las Dalias wurde neben dem Hippiemarkt Schauplatz von Konzerten und anderen Veranstaltungen sowie das wichtigste Kommunikationszentrum in diesem Teil der Insel. Damals prägte die Hippiekultur auch die Rockmusik. Juanito baute neben Las Dalias daher ein Musikstudio auf, das Größen wie Mike Oldfield oder Bob Geldof anzog, bis es 1989 abbrannte. Las Dalias aber blieb ein legendärer Hippiemarkt, bis heute: Im Hochsommer drücken sich bis zu 20 000 Menschen täglich an 200 Ständen vorbei. Ein Relikt im alten Stil mit Nachtmarkt und Namasté-Party.

Irgendwann hat auch der letzte Hippie gemerkt, dass man ganz ohne Geld langfristig nicht auskommt. *Los peluts* (die Langhaarigen), wie man die Hippies auf Ibiza nennt, sind auf dieser Insel auch ohne den Marsch durch die Institutionen in der Gesellschaft angekommen. Sie gehören hier nicht nur dazu, sie prägen die moderne ibizenkische Kultur und sind so typisch wie Chill-outs oder Megadiscos – jeder Zeit ihren Stil.

Übrigens: Seit 2022 hat **Las Dalias** einen eigenen Club, das **Akasha** – mit gerade einmal 300 Plätzen eine intime Location für feinste elektronische Musik. Wenn hier Sven Väth an den Turntables steht, sind die Tickets schnell vergriffen. Das Akasha ist nicht nur Ibizas kleinster (und vielleicht feinster) Club, sondern auch der einzige ganzjährig geöffnete.

Von Nepal-Fähnchen bis zu Windspielen: Ibiza mag es bunt und verspielt.

INFOS/ÖFFNUNGSZEITEN

Las Dalias 1: etwa 1 km außerhalb von Sant Carles in Richtung Santa Eulària, Km 12, www.lasdalias.es, ganzjährig Sa 10–20 Uhr, im Sommer auch So–Di Nightmarket ab 19 Uhr

Hippy Market Punta Arabí 2: Ibizas ältester Hippiemarkt, auf der Halbinsel Punta Arabí, südlich außerhalb des Zentrums von Es Canar, www.hippymarket.info, April/Mai, Okt. Mi 10–18, Juni–Sept. Mi 10–19 Uhr.

Akasha 1: ▶ Las Dalias, www.akashaibiza.com, ganzjährig Di–So 23–5 Uhr

KULINARISCHES FÜR ZWISCHENDURCH
Bar Anita 1: ▶ S. 77

Faltplan: H 3

Sant Antoni und der Norden ▶ Sant Carles und Umgebung

Die typischen Ibiza-Accessoires gibt's auf den Hippiemärkten in Hülle und Fülle.

Aufregend unaufgeregt
Shamarkanda
Leckeres im Tapas-Stil aus den verschiedensten Kulturen, dazu Liebe und Freude.
Lugar Venda de Ca's Ripolls, 34, Sant Joan, T 696 08 04 86, https://shamarkandaibiza.com, Do–Di 13–23 Uhr, €–€€

Elegant im Hippieland
The Giri Café
In dem geschmackvoll eingerichteten Designer-Restaurant ist alles ›mit Liebe gemacht‹ und aus regionalen Zutaten.
Plaça d'Espanya, 5, Sant Joan, T 971 33 34 74, www.cafe.thegiri.com, Mi–Mo 10–23.30 Uhr, Winter geschl., €€€

Großer Fisch
S'Illot des Rencli
Ohne Zweifel eines der besten Fischlokale an der gleichnamigen Bucht mit toller Aussicht, ideal zum Sonnenuntergang.
Carretera Vénda de Portinatx Km 25, T 971 32 05 85, tgl. 13–17, 19–22 Uhr, Winter geschl., €–€€

Relaxt essen
The Boathouse
Spin-off des gegenüberliegenden On the Beach mit Schwerpunkt auf veganer und leichter Küche. Im rustikalen Bootshausstil, von Jay, einem Spross niederländisch-ibizenkischer Hippie-Eltern geführt. Topadresse auch für Frühstück und Brunch!
Carrer Cala Sant Vicente, 3, www.theboathouse ibiza.com, T 971 32 01 18, tgl. 10–23 Uhr, Winter abweichend, €€

Sant Carles und Umgebung H/J 2–4

Als zentrale Heimat der Hippies ist Sant Carles in jedem Fall einen Besuch wert. Von hier aus geht es zu malerischen Stränden, von der Platja des Figueral bis zur Cala Nova, wo nur Urbanisationen wie Can Jordi von der Idylle ablenken. Es Canar (Es Canyar) ist im Unterschied zu Sant Carles eines der größten Touristenzentren auf Ibiza und höchstens wegen des wöchentlichen Hippiemarktes Punta Arabí eine Anlaufstelle. Dafür fischt hier einer der berühmtesten Schnauzbartträger der Welt, der sogar den König im Regen stehen ließ …

Sant Antoni und der Norden ▶ Sant Carles und Umgebung

WAS TUN IN SANT CARLES?

Hippie-Hopping
Die Spuren des Hippiebooms finden sich auf Ibiza besonders geballt auf den Hippiemärkten. Am ›Originalschauplatz‹ in Sant Carles kann man zudem beobachten, wie sich die verbliebenen Hippies mit den Einheimischen sozial verbündet haben.
Und das ist nun kein Geheimtipp, aber ein Muss: **Bar Anita** (Kreuzung PM 810 / Cala de Sant Vicent, T 971 33 50 90, tgl. 7.30–1 Uhr, €). Das lauschige Restaurant ist eine Art Hippie-Museum. Aus der Telefonzelle baten die Hippies früher ihre Verwandtschaft um eine Geldsendung, damit sie bei der geduldigen Anita ihren Deckel bezahlen konnten. Und die gesamte Post des Umlands landet nach wie vor in den dunkelbraunen Holzschränken. Nicht weit entfernt liegt der beliebteste Hippiemarkt von Ibiza, **Las Dalias** (▶ S. 74).
Der zweite große Hippie-Anlaufpunkt sind die Strände bei Sant Carles, allen voran der einzige offizielle **FKK-Strand** Ibizas neben Es Cavallet im Südosten. Die wilde, oft weiß schäumende **Aigües Blanques** (Aguas Blancas) gibt der Bucht ihren Namen.
Auch an der **Cala Boix** liegen Nackte und halbwegs Angezogene friedlich nebeneinander, und sie ist für uns eine der schönsten Buchten Ibizas. Warum? Vielleicht, weil die anderen ›Schönsten‹ der Insel als solche zu bekannt sind, um noch einen Hauch ›einsamer Bucht‹ mitzubekommen – und weil man von links und rechts geschützt mal ein paar Züge nach draußen schwimmen kann.
Weiter südlich liegt an einem schilfigen Sumpfgebiet die winzige Bucht **Cala Mastella**. Das legendäre Lokal El Bigote (▶ rechts) hat es allerdings in sich. Danach kommt nicht mehr viel – da man auf der Straße geradeaus gen Süden mehr oder weniger in der Sackgasse eines Touristenkomplexes landet, biegt man lieber wieder ins schöne, ebene Hinterland ab.

SCHLEMMEN, SHOPPEN, SCHLAFEN

🏠 Vintage-Campen
Camping Playa de Cala Nova
Charmanter Campingplatz in typischem Ibiza-Twist mit Bar, Restaurant und kleinem Supermarkt. Es gibt zudem Holzbungalows zu mieten sowie einen Scooter- und Autoverleih.
Cala Nova, auf der Höhe der Bucht im Hinterland, T 971 33 17 74, www.campingcalanova.com, €–€€

🍴 Vier Freunde
Nudo
Nicht Schnickschnack, sondern eine authentisch ehrliche, dabei dennoch raffinierte Küche. Hinter diesem Konzept stehen Jess, Edo, Jose und Frankie – drei Köche und ein Sommelier, deren Wege sich in Kopenhagen im jahrelang besten Restaurant der Welt, dem Noma, kreuzten.
Carretera Club Figueral, 48, T 971 32 69 91, www.nudoibiza.com, Di–So 13–16 Uhr (Änderungen vorbehalten), Winter geschl., €€

🍴 Beim Barte des Propheten
El Bigote
Der berühmteste Bart (bigote) Ibizas gehört einem kiosco-Besitzer, der sogar schon König Juan Carlos eine Absage erteilte – Ihre Majestät hatte nicht reserviert. Gekocht wird in großen Töpfen über dem offenen Feuer, serviert in zwei Schichten. Ab 11 Uhr gibt es eine Fischplatte vom Grill und um 14 Uhr den ibizenkischen Fischtopf *bullit de peix*.
An der Mole von Cala Mastella, oben an der Straße an einem großen aufgemalten Schnauzbart (bigote) zu erkennen, T 650 79 76 33, Di–So 11–16 Uhr, Winter geschl., €–€€

INFOS

Fähren: Der Verkehr nach Formentera findet eigentlich ab Eivissa und Sant Antoni statt, mit einer Ausnahme: Santa Eulalia Ferry fährt auch ab verschiedenen Buchten der (Nord-)Ostküste. Nähere Infos unter www.ferrysantaeulalia.com.

Santa Eulària und die Mitte

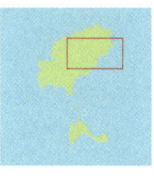

Ibizas familienfreundlichste Stadt mit einem vornehmen Jachthafen und dem ›heiligen Berg‹ vor der Tür bietet Einkaufsstraßen und eine weitläufige Strandpromenade. Aber auch das Hinterland macht Appetit: Eine Landstraße und ein Dorf mit Restaurants wie an der Perlenschnur sorgen für die Qual der Wahl zwischen ibizenkischer Landküche und den nahezu orgiastischen Vergnügungen der MediterrAsian-Küche. Egal, wo man Urlaub macht: In Ibizas Mitte trifft sich alles.

Santa Eulària und die Mitte ▶ Santa Eulària des Ríu

Santa Eulària des Ríu H 4

Schon bei der Anfahrt erhebt sich majestätisch der Kirchenhügel Puig de Missa, der sich unübersehbar vor die eigentliche Stadt wölbt. Nach der Einfahrt über den Pont Vell aus der Römerzeit manövriert man sich schnell in die Gegenwart eines spanischen Alltags, mit Geschäften für den täglichen Bedarf, Menschengewusel auf der Rambla und der üblichen Parkplatznot. Die Rambla (Passeig S'Almera), der vornehme Jachthafen und die Uferpromenade laden aber ein, mal wieder Stadtluft zu schnuppern.

WAS TUN IN SANTA EULÀRIA?

Hinauf zur Akropolis
Unbedingt besuchen sollten Sie den Stadthügel Puig de Missa mit der **Kirche 1** und dem **Ethnografischen Museum 2**: ▶ S. 82

Tanz und ein Museum
Wenn man mal wieder Asphalt statt Sand unter den Füßen spüren möchte, das Bio-Shampoo ausgeht oder das Bedürfnis nach deutscher Salami steigt, ist ein Rundgang in Santa Eulàrias City die perfekte Lösung. Wer eher romantisch veranlagt ist, folgt am besten der Umgehungsstraße um den Puig de Missa und dann den Parkempfehlungen, so ist man direkt im Geschehen. Im Sommer wird an jedem 1. und 3. Samstag im Monat auf der Plaça d'Espanya vor dem Rathaus der traditionelle **Volkstanz** Ibizas aufgeführt. Ein paar Schritte den Passeig de S'Alamera hinunter zeigt die **Sala Barrau 3** Arbeiten des Malers Laureà Barrau (1863–1957), der sich 1931 in Santa Eulària niederließ. Porträts, Alltagsszenen und Landschaften prägen seine Werke.
Sala Barrau: Passeig de S'Alamera, 4, T 971 33 00 72, Mo–Fr 8–14.45 (Winter bis 13.30) Uhr, Eintritt frei (Touristen-Information im selben Haus)

Shoppen
Rund um die **Plaça Isidor Macabich** können Sie weit über den touristischen Bedarf hinaus hochwertig einkaufen – vor allem um den Carrer Macabich. Zwischen Carrer de Molins de Rei und Carrer del Mar reihen sich Boutiquen, bekommt man Schuhe oder Einrichtungsideen, im Carrer del Mar auch Kosmetik und Lebensmittel aus dem Bioladen (Biorganic, Nr. 6, Mo–Sa 8–16 Uhr) oder dem Reformhaus (Natural Point, Nr. 4, https://naturalpoint ibiza.com, Mo–Sa 9.30–20.30/21 Uhr).

Relaxen
Oder möchten Sie sich mal wieder körperlich rundum verwöhnen lassen? Dann legen Sie doch einen Spa-Tag im Hotel **Aguas de Ibiza** 1 (▶ unten) ein. Hier liegt atmosphärisch auch wieder ein Hauch Business in der Luft mit dem architektonisch interessanten Kongresszentrum nebenan und dem mondänen Jachthafen an der Front.

SCHLEMMEN, SHOPPEN, SCHLAFEN

In fremden Betten

Wellness gefällig?
Aguas de Ibiza
Wie der Name schon sagt, ist Wasser aller Art Leitmotiv des ökologisch erbauten Fünfsternehotels: Thalassotherapie, Wellness und Sauna, vor allem diverse Massagen und Anwendungen, Beauty und Kosmetik lassen die von der Sonne vielleicht allzu verwöhnte Haut wieder regenerieren. Geschmackvoll-moderne Zimmer, herausragendes Frühstück.
Carrer Salvador Camacho, 14, T 971 31 99 91, www.aguasdeibiza.com, €€€

Die kleine englische Art
La Bohemia del Rio 2
Kleines Boutique-Hostal mit Pool und Garten, quasi eine Oase der Ruhe in der tobenden Saison mit persönlicher Atmosphäre. Adults only. Gelungene Mischung aus Ibizenk- und Kolonialstil. Sehr freundliches Personal.

SANTA EULÀRIA DES RÍU

Sehenswert
1. Església Es Puig de Missa
2. Museu Etnogràfic d'Eivissa Can Ros
3. Sala Barrau

In fremden Betten
1. Hotel Aguas de Ibiza, Maymanta
2. La Bohemia del Rio

Satt & glücklich
1. Carrer de Sant Vicent
2. The Royalty Café
3. Café Sidney
4. Hämbre
5. El Naranjo
6. Mezzanotte
7. Amante
8. Casa Colonial
9. LU•UM
10. Finca Ecologica Can Musón
11. Ca's Pagès
12. Soulgood
13. Aiyanna

Stöbern & entdecken
1. Plaça Isidor Macabich
2. Bodega Ribas

Sport & Aktivitäten
1. Divestar Ibiza
2. Kandani
3. Golf de Ibiza

Carrer del Sol, T 971 33 86 49, www.labohemia delrio.com, Winter geschl., €

 Satt & glücklich

Wenn der Hunger ruft, erwartet Sie Santa Eulàrias Fressgasse, die Fußgänger->zone< **Carrer de Sant Vicent** 1 mit vielen kleinen lokalen und internationalen Restaurants zu vernünftigen Preisen.

Gucken, wie sie gucken
The Royalty Café 2
Als Starter empfiehlt sich The Royalty Café, um Ausschau zu halten und zu frühstücken, Kuchen zu essen oder den ersten Longdrink des Tages zu schlürfen.
Carrer Sant Jaume/Ecke Plaça de Espanya, T 971 33 18 19, tgl. Sommer 8–0.30, Winter 8–23 Uhr, €

Poser-Klassiker
Café Sidney 3
Er ist wieder da – Eivissas ehemaliger Angebertreff. Außer der Adresse hat sich nicht viel geändert: Jachthafenatmosphäre, edle (aber noch bezahlbare) Speisen, und natürlich Posing von früh bis spät.
Puerto Deportivo, Local 1B, T 971 33 22 14, Mi–Mo 9–0.30 Uhr, www.cafesidney-eulalia. com, €€

Die Akropolis von Santa Eulària des Ríu – **Puig de Missa**

Santa Eulàrias Puig de Missa ›Kirchenhügel‹ und das ethnologische Museum nehmen Sie mit auf eine Zeitreise. In tiefen Zügen atmet dort oben das alte Leben der Insel: zweifellos eines der spektakulärsten historischen Monumente der Pityusen.

Sie ist gewaltig und beeindruckend, die dominante Kulisse, die sich auf dem Weg nach Santa Eulària des Ríu in den Vordergrund schiebt: Wie eine vorgelagerte, in Weiß getauchte Burg erhebt sich der Puig de Missa, der ›Kirchenhügel‹ vor Santa Eulària. Auf dem nur 52 m hohen Hügel thront die äußerlich imposanteste Wehrkirche Ibizas, die **Església Es Puig de Missa** 1 aus dem Jahr 1568. An dieser strategisch bedeutsamen Stelle stand schon zu maurischen Zeiten eine Moschee – als Xarc, das Gebiet um Santa Eulària, noch unter arabischer Herrschaft stand. Nach der Rückeroberung durch die Spanier entstand im 14. Jh. auf ihren Trümmern eine Wehrkirche, die allerdings 1555 türkischen Piraten nicht standhalten konnte. Erneut wurde sie bis auf die Grundmauern niedergerissen.

Mit dem Bau einer neuen Kirche wurde vermutlich der Architekt Giovanni Batista Calvi, der Erbauer der Stadtmauer Eivissas, von Philipp II. beauftragt. Ein Solitär in weiter Ferne, denn ein Ort namens Santa Eulària existierte bis dahin noch nicht. Erst als Bischof Eustaquio de Azara das Land um die Kirche erwarb und Häuser baute, in denen sich nach kurzer Zeit die ersten Familien niederließen, wurde Santa Eulària zu einem Dorf mit gleichem Namen. 1833 wurden die Gemeindegrenzen endgültig festgelegt und Santa Eulària Hauptsitz der gleichnamigen Gemeinde. Geweiht ist die Kirche entsprechend der hl. Eulalia, die unter römischer Herrschaft als Märtyrerin starb. Im 17. Jh. kamen die zwei Seitenschiffe sowie die für das ländliche Sozi-

Frische Luft schnappen: Karfreitagsumzug in Santa Eulària

Puig de Missa #11

Von außen spektakulärer als von innen: Kuppel auf dem Puig de Missa

alleben wichtige Vorhalle *(porxo)* hinzu. Vor allem diente sie als Wehrkirche – wenn sie in dieser Funktion für die Menschen hier nicht sogar wichtiger war: Selten wurde eine Kirche in einem solchen Maße als Verteidigungsanlage gegen Angreifer konzipiert. Zeitweise befand sich sogar ein festes Waffenarsenal im Inneren, mit dem man aus den Scharten die Angreifer in Schranken wies.

Auf dem benachbarten Friedhof liegt übrigens der aus Barcelona stammende Maler Laureá (Laureano) Barrau (▶ **Sala Barrau** 3, S. 80), der lange in Santa Eulària lebte, begraben.

Inselalltag und -kunst

Im **Museu Etnogràfic d'Eivissa Can Ros** 2 erschließt sich die Seele Ibizas: die Mühsal der Arbeit bei der Salzgewinnung in den Salinen, die Olivenernte, aber auch Mode, Schmuck und Tanz – letzterer in Originalfilmen aus früheren Zeiten: Ein Blick in das Museum lohnt sich auf jeden Fall, um ein Gefühl dafür zu bekommen, wie das Leben auf den Pityusen früher ablief.

Weitblick

Wenn Sie schon hier oben auf dem Hügel sind: Genießen Sie den Blick über die Stadt, die weite Bucht von Santa Eulària und die Nordostküste bis hinüber zur Insel Tagomago.

INFOS/ÖFFNUNGSZEITEN
Església Es Puig de Missa 1: offizieller Zugang über den Carrer de Sol, von dort in Serpentinen hügelaufwärts. Die Kirche ist regelmäßig am So 11 Uhr zur Messe geöffnet, sonst n. V.: T 971 33 00 72.
Museu Etnogràfic d'Eivissa Can Ros 2: unterhalb und auf der Rückseite der Kirche Puig de Missa gelegen, T 971 33 28 45, www.museu etnograficdeivissa.es, April–Sept. Di–Sa 10–14, 17.30–20, So 11–13.30, Okt.–März Di–Sa 10–14, So 11–13.30 Uhr, 20. Dez.–20. Jan. und Fei geschl., Eintritt frei

Faltplan: H 4 | Cityplan: ▶ S. 81

Santa Eulària und die Mitte ▶ Santa Eulària des Ríu

Paradiesisch: Auf den Waldwegen erschließt sich ein ganz anderes Ibiza.

Stilvoll den Hunger stillen
Hämbre ❹
Ein kleines Hipster-Lokal, wie man es in ›Eule‹ nicht erwarten würde. Im Hämbre (*hambre*, ›Hunger‹) werden lokale Produkte frisch vom Markt kreativ auf die Teller gebracht.
Carrer Ricardo Curtoys Gotarredona, 1, Local 9C, T 672 70 16 50, www.hambrerestaurant.com, Mo–Do 13–16, 20–24, Fr 13.30–16, 20–24, Sa/So 20–24 Uhr, €€–€€€

Rooftop-Hochgenuss
Maymanta ❶
Den Sonnenuntergang auf einer der schönsten Dachterrassen der Insel genießen – auf dem Hotel Aguas de Ibiza –, dazu eine geniale peruanische Küche und großartige Cocktails. Ibiza, was will man mehr!
Hotel Aguas de Ibiza (▶ S. 80), T 971 80 72 73, https://aguasdeibiza.com/maymanta, tgl. 19–23 Uhr, Winter geschl., €€€

Orangerie
El Naranjo ❺
Oberhalb des Carrer de Sant Vicent bietet sich in einem Innenhof ein mit einem Orangenhain ausgestattetes Kreativrestaurant der ersten Stunde für ein romantisches Dinner an.
Carrer Sant Josep, 31, T 971 33 03 24, www.elnaranjoibiza.com, Mo 13–16, Di–So 13–16, 19.30–23.30 Uhr, €–€€

Nicht nur bei Halbmond
Mezzanotte ❻
Hübsch ist auch das kleine Bistro zum atmosphärischen Draußensitzen.
Passeig de s'Alamera, 18, T 971 31 94 98, www.fb.com/mezzanotte.ibiza, tgl. 13–16, 19–23 Uhr, €–€€

Chillig
Amante ❼
Etwas südlich liegt mit dem Amante Ibizas intimster Beachclub und eines der besten Strandrestaurants der Insel. Im Sommer gibt's täglich um 9 Uhr Yoga inklusive anschließendem Frühstück.
Sol d'en Serra Beach, T 971 19 61 76, www.amanteibiza.com, Mai–Okt. tgl. 11–2 Uhr, €€€

Aller Herren Länder
Casa Colonial ❽
An der Ausfallstraße Richtung Eivissa finden Sie zur Linken auf einem Hügel Wolfgangs Casa Colonial, die gerne

Santa Eulària und die Mitte ▶ Santa Eulària des Ríu

auch zu Events und Hochzeiten genutzt wird – ein ästhetischer Mix aus Chillout und Buddha Style in einem Park. Und die Küche erst: Beim thailändisch-europäisch-französischen Küchenmix gibt es Spezialitäten aus dem Wok oder dem Olivenholzofen.

Straße Santa Eulària–Eivissa Km 2, T 971 33 80 01, www.casa-colonial-ibiza.com, Mi–Mo 19.30–23 Uhr, Menü (mit fünf kleinen Vorspeisen und einem Hauptgericht) €€–€€€

Feuerspiele
LU•UM ❾
Leckere Cocktails und über dem Feuer zubereitete Spezialitäten. Dazu alles bio und aus der Region. Auch Veggies kommen hier auf ihre Kosten. Man speist in einem traumhaften Garten. Zum LU•UM gehört auch ein kleiner Laden mit Mode und Interior Design.

Diseminado P 10 Santa Eulària, T 603 45 98 54, @luum_ibiza, Di–So 20–2 Uhr, €€

Genießen und selber machen
Finca Ecologica Can Musón ❿
Westlich von Santa Eulària hat sich eine Familie einen kleinen Traum aus blühendem Garten, Freiluftrestaurant und Hofverkauf verwirklicht. Ob Frühstück, Mittag-oder Abendessen, alles ist bio. Kinder haben Platz zum Spielen, es gibt einen eigenen ›Zoo‹. Auf Anfrage werden verschiedene Workshops angeboten, z. B. *hierbas* ansetzen oder Brot backen.

Santa Eulària, Es Coloms, 98 (Von der EI200 Richtung Meer, ausgeschildert), T 971 33 93 46, www.ibizacanmuson.com, tgl. 9–16, Sommer bis 20 Uhr, €–€€

Traditionelle Fleischeslust
Ca's Pagès ⓫
Die Schwestern Carmen und Lucia führen eines der wohl besten traditionellen Restaurants Ibizas im *fonda*-(traditionellem Gasthof-)Stil. Sie bewirten ihre Gäste während der wärmeren Monate im eingewachsenen Innenhof und im Winter im gemütlichen Keller mit *sobrasada* und anderen regionalen Spezialitäten. Wer kein Fleisch liebt, ist hier allerdings falsch.

Höhe Cala Pada, Carretera San Carlos, PM-810 Km 10, T 971 33 90 29, www.caspages.es, €–€€

Die Seele baumeln lassen
Soulgood ⓬
Hausgemachte, gesunde Snacks gibt es in dieser chilligen Beachbar im Caribbean Style an der schönen Platja Niu Blau.

Camí Haya, 6, T 611 62 75 06, Do–Di 12–20.30 Uhr, Winter geschl., €

Jung und schön
Aiyanna ⓭
Äußerst pittoreskes (neudeutsch: sehr instagramable) Beachrestaurant im guatemaltekisch-ibizenkischen Boho-Stil, hat 2017 den »White Ibiza Award« abgeräumt. Hier sitzt man unter Palmen und bunten Sonnensegeln direkt am Meer. Tipp: die Yogakurse vor der Strandkulisse mit opulentem Frühstück danach.

Avinguda Cala Nova, s/n, T 971 33 04 56, www.aiyannaibiza.com, Yogakurs/Frühstück 32 €, Tage ▶ Website, Start jeweils 8.45 Uhr, €€€

Stöbern & entdecken

Shoppen
Plaça Isidor Macabich 🏠
▶ S. 80

Feine Tropfen, lokale Spezialitäten
Bodega Ribas ❷
Maria Luísa Ribas hat über 2000 Weine und Spirituosen sowie lokale Produkte im Sortiment und ist eine Institution auf der Insel. Sie finden hier alle Tropfen aus Ibiza und Formentera.

Carrer de Sant Vicent, 18, T 971 33 19 90, Mo–Sa 9.30–14, 16.30–21.30 Uhr

Sport & Aktivitäten

Einfach mal abtauchen
Divestar Ibiza ❶
Von Es Vedrà bis Tagomago locken Tauchspots mit bizarren Höhlen und großem Artenreichtum. Tauchkurse (auch für Kinder) und geführte Tauchgänge.

Santa Eulària, T 971 33 67 26, www.divestar-ibiza.com

Santa Eulària und die Mitte ▶ Santa Gertrudis de Fruitera

Auf zwei Rädern
Kandani ❷
Hier können Sie sich Räder leihen, um die größtenteils flache Gegend zu erkunden, oder auch per Mountainbike auf einen geführten Höhentrip gehen.
An der Landstraße nach Es Canar, T 971 33 92 64, www.kandani.es; Räder (City, Trekking) ab 17 €/Tag, bei einer Woche Anmietung 12 €/Tag, Mountainbikes ab 20 €/Tag, Rennräder ab 35 €/Tag

Einlochen
Golf de Ibiza ❸
Wenn Sie lieber den Schläger schwingen, werden Sie auf diesem 27-Loch-Golfplatz südlich der Stadt auf Ihre Kosten kommen.
Carretera Jesús a Cala Llonga, T 971 19 60 52, www.golfibiza.com

Segeln und helfen
Wenn Sie im Urlaub etwas Gutes tun und dabei einen kostenlosen Tag auf dem Meer verbringen wollen, dann segeln Sie auf dem Katamaran von IBI mit, die sich der Reinigung des Meeres rund um Ibiza verschrieben haben.
Abfahrt im Hafen von Santa Eulària, T 602 38 39 99, www.ibifoundation.nl

---

INFOS

Touristen-Information: Sala Barrau, Passeig de S'Alamera, 4, T 971 33 07 28, www.santaeulalia.net, Mo–Fr 8–15 Uhr.

Santa Gertrudis de Fruitera 📕 F 3/4

Nach einem langen, faulen Strandtag, einer anstrengenden Wanderung oder einer Tour quer über die Insel steuern viele die goldene Mitte des Eilands an: Santa Gertrudis ist nicht nur das geografische Zentrum Ibizas, sondern auch ein sozialer Mittelpunkt.

WAS TUN IN SANTA GERTRUDIS?

Dorfleben auf hohem Niveau
Am Abend verlassen alle ihre Häuser und kommen in der kleinen Fußgängerzone

High Noon auf dem Kirchplatz von Santa Gertrudis

zusammen – Kinder toben auf dem Spielplatz, Fremde mischen sich mit Einheimischen und Zugezogenen aus aller Herren Länder. Diese Multikulti-Mischung ist es wohl, die auch das vielfältige Angebot erklärt.

Womit wir bei der **Bar Costa** (Plaça de l'Església) wären. Es gibt zwar zahlreiche Kneipen im Zentrum von Santa Gertrudis, wo man nett draußen sitzen, eine *caña* oder einen *café cortado* nehmen und dem sympathischen Treiben zusehen kann – aber eben nur eine dieser Sorte. Costa hat vermutlich das Rennen gemacht, weil viele Künstler ihren Deckel mit Bildern bezahlten und das Lokal so in einem Kunstraum verwandelt haben. Unter den Gemälden – und unter dem Schinken, der von der Decke baumelt – herrscht sogar in der kälteren Jahreszeit Gemütlichkeit, wenn sich Wandertouristen neben Models und Ibiza-Lebenskünstlern am Kamin die Hände wärmen.

SCHLEMMEN, SHOPPEN, SCHLAFEN

 Satt & glücklich

Das kulinarische Angebot von Santa Gertrudis ist so einzigartig wie vielfältig – von der Tapas-Bar bis zum romantischen High-End-Restaurant steht auf höchstem Niveau so einiges zur Wahl. Es lohnt sich auch, nach brandneuen Lokalen Ausschau zu halten (▶ Kasten). Und wer immer noch nichts findet, schwenkt ab auf die ›Restaurant Road‹ (▶ S. 88).

Extravagant
Santa G. Bagel House
Diese Bagels muss man gesehen (und probiert) haben! Wenn es Michelin-Sterne für Frühstückslokale gäbe, das Santa G. hätte drei! Abends gibt es im Mutterlokal **Overall** in derselben Location die coolste und kreativste Gourmetküche der Insel – die allerdings ihren Preis hat.
Passeig de Santa Gertrudis, 3, T 683 39 90 23; **Santa G. Bagel House:** Mo–Do, Sa 10–15.30, Fr 10–15, 20–24 Uhr, €–€€; **Overall:** www.overallibiza.com, Mo–Do 20–24 Uhr, €€€

Von früh bis spät
Sense
Direkt neben der Bar Costa hat die Deutsch-Vietnamesin Kiu ein süßes Lokal eröffnet, in dem man herrlich französisch frühstücken und bis spät abends herausragende asiatische Küche genießen kann.
Passeig de Santa Gertrudis, 2, T 650 25 84 72, @sense.ibiza, tgl. 9–23 Uhr, €–€€

Der fruchtbare Boden Ibizas treibt die schönsten Blüten.

Edelitaliener
Macao Café
Ibizas vielleicht bester, ganz sicher aber romantischster Italiener. Ob man im Vorgarten sitzt oder im Innenraum mit Kerzen, Leinen und Bildern italienischer Schönheiten – das Ambiente stimmt.
Carrer Venda del Poble, 8, T 971 19 78 35, www.fb.com/macaocafesg, tgl. 19–24 Uhr, Winter geschl., €€

Alles von der Insel
Can Caus
Genossenschaftsbetrieb für einheimische Spezialitäten mit großräumigem

SCHON ZU?

Zu keinem Thema erhalten wir mehr Leserzuschriften als zu geschlossenen Restaurants. Viele davon entstehen auf Pop-up-Basis oder machen schlicht pleite. In diesem Band sind daher nur die langlebigsten Lokale aufgeführt.

12

Ab durch die Weltküchen – **die ›Restaurant Road‹**

Bauernküche, Asia-Fusion, Thai-Gourmettempel mit Chill-out-Zone und Diskothek: Wenn es Nacht wird, Señorita, brennt auf dem Highway zwischen Santa Eulària und Sant Joan ein kulinarisches Feuerwerk ab …

Der ehemalige Camí Vell de Portinatx, mittlerweile zur Schnellstraße EI-300 ausgebaut, mogelt sich gleichwohl fast unbemerkt zwischen Santa Eulària und Santa Gertrudis hindurch. Du tauchst ein in die tiefschwarze Nacht. Nicht viel los? Richtig abgebogen, falsch gedacht. Schon eine Kurve weiter leuchtet es rosarot, winken dich knapp bekleidete Damen wie zur Verkehrskontrolle auf ein Feld, schreitest du durch einen Torbogen in einen Bambuspalast, chillige Sounds umschwirren dich, auf den Tischen die leckersten Köstlichkeiten, elegant-lässige Menschen nicken wissend zu dir herüber, und auf dem Tantra-gesäumten Weg zur Toilette läuft dein Gesicht schamrot an: Willkommen im lustbetonten Kulinariatempel **Bambuddha** ❶, einer der Einmaligkeiten auf Ibiza, die man gesehen haben muss – zu einem Dinner MediterrAsian Style oder nur auf einen Drink. Weltenbummler JonJon führt das Ess-Publikum mit den drei Göttern in die »Decade of Decadence« – wer will, auch mit Tai-Chi, Tantra-Lounge oder Souvenirs aus dem Signature-Shop. Und das ist erst der Beginn der ›Restaurant Road‹.

Ölwechsel gefällig?

Wer unterwegs ökologisches Olivenöl reinsten (Ibiza-)Wassers genießen möchte, besucht die **Oleoteca Ses Ecoles** 🏛, auch zum Probieren in verschiedenen Gerichten. Und wenn wir schon unterwegs sind, dann vielleicht noch in die Rösterei **Meke** 🏛 und für ›was auf die Hand‹ zu **Can Guimo** 🏛.

Weiter geht's Richtung Japan mit dem **Nagai** ❷ und seiner Fusionsküche in hochmodernem Chill-Chic. Gleich dahinter liegt das **Es Caliu** ❸ mit Windmühle an einem Bach, wenig später gefolgt

vom heillos romantischen Farm-to-Table-Italiener **A Mi Manera** ❹ mit Natural Pop Vibe sowie Tischen und Kronleuchter im Freien.

Eine Spur rustikaler geht's in **Lydia's Smokehouse North** ❺ zu. Serviert werden perfekt gegrillte Burger und Texmex-Küche, dazu gibt es in dem auch bei Einheimischen beliebten Diner regelmäßig Livemusik. Im **Es Pins** ❻ serviert man leckerste *allioli*, selbst gebackenes Brot und typische Ibiza-Kost wie *sofrit pagès* (eine Art Ragout).

Bei Km 15 kommen im ganzjährig geöffneten **Can Muson de sa Villa** ❼ feinste argentinische Grill- und Eintopfgerichte auf den Tisch.

Ein Treffpunkt Einheimischer und Zugezogener ist das **Can Curuné** ❽ mit moderner, mediterraner Küche, Supermarkt und der Boutique World Family Ibiza mit bunter Neo-Hippiemode.

Wer noch kann, geht auf einen Absacker oder eine ibizenkische Nachspeise in das **Ses Arcades** ❾. Hier gibt es ganzjährig Tapas und Gerichte der Insel. – Zugegeben, kaum jemand wird auf die Idee kommen oder gar in der Lage sein, dies alles an einem Tag ›abzuarbeiten‹ – also wiederkommen …

Luxuswellness im Hinterland

Wo sich Ginsterkatze und Podenco leise gute Nacht sagen, erwartet Sie ein kleines Paradies, das mit seiner Weitläufigkeit und Entspanntheit, Lounges,

Köstlichkeiten trampen reihenweise auf der ›Restaurant Road‹, auch ›Barbecue Street‹ genannt

#12 ›Restaurant Road‹

Buddhas und Parks seinesgleichen sucht: das **Atzaró Agroturismo Hotel** ❶. Es bietet die Möglichkeit eines perfekten Beauty- oder Wellnesstags, auch ohne hier zu logieren. Massagen oder Beauty-Treatments lassen sich zum ›Tagespass‹ dazubuchen. Mit ihrer Weinbar, ihren – hochpreisigen – Restaurants La Veranda und Orange Tree sowie der Open Air Music Lounge eignet sich die Location auch perfekt für Hochzeitsfeiern oder Events.

INFOS/ÖFFNUNGSZEITEN

Bambuddha ❶: Km 8, T 971 19 75 10, www.bambuddha.com, Mai–Okt., tgl. 19.30–2, Bar 19–3 Uhr, €€€
Nagai ❷: Km 9,5, T 971 41 02 76, www.nagairestaurant.com, März–Mai, Okt.–Jan. Mo–Sa, Juni–Sept. tgl. 19–1 Uhr, €€€
Es Caliu ❸: Km 10,8, T 669 451 745, www.escaliuibiza.com, @escaliuibiza, Wiedereröffnung 2025, bisherige Zeiten: tgl. 13–15.30, 20–23, Juli/Aug. nur 19–24 Uhr, €€
A Mi Manera ❹: Km 12, T 971 32 51 51, www.amimaneraibiza.com, tgl. 19.30–2 Uhr, €€€
Lydia's Smokehouse North ❺: Lugar Venda de Safragell, 16, Km 13, T 971 07 06 39, www.lydiassmokehouse.com, tgl. 13–24 Uhr, €–€€
Es Pins ❻: Km 14,8, T 971 32 50 34, Mo–Fr 7–23, Sa 8–23, So 8–17 Uhr, €€
Can Muson de sa Villa ❼: Km 15, T 971 32 50 82, www.fb.com/CanMusondeSaVila Di–Sa 9–23, So 10–23 Uhr, €€
Can Curuné ❽: Km 17, T 971 32 50 19, www.fb.com/CanCurune, Fr–Mi 10–17, 19–24 Uhr, mit kleinem Supermarkt, €€
Ses Arcades ❾: Km 19, T 971 33 30 02, www.sesarcades.com, Fr–Mi 9–23 Uhr, €–€€
Oleoteca Ses Ecoles ❶: Km 9,8, T 871 87 02 29, www.sesescoles.com, Di–Do, So 13–16, 19.30–23, Fr/Sa 13–16, 19.30–23.30, Juli/Aug. tgl. 18.30–24 Uhr
Meke ❷: Höhe Km 12,9, Lugar Venda de Safragell, 154, T 689 04 84 94, https://meke.coffee, Mo–Fr 10–16 Uhr
Can Guimo ❸: Höhe Km 14, Lugar Venda de Safragell, 68, T 628 56 18 31, www.fb.com/CanGuimo, Mo–Sa 10–17.30 Uhr
Atzaró Agriturismo Hotel ❶: an der E 10 bei Km 15 ausgeschildert (von da aus noch etwa 2,2 km), T 971 33 88 38, www.atzaro.com, Spa Day (Spa, Yoga, Wellness, Lunch) 100 €

Faltplan: G 2–4 | Kulinarische Tour mit Pkw, E 10 (auch C 733) ab Höhe Km 8

Santa Eulària und die Mitte ▶ Santa Gertrudis de Fruitera

Restaurant und Schwenkgrill. Hier gibt es alle Köstlichkeiten Ibizas (auch zum Mitnehmen), von der *sobrasada*-Wurst bis zum Ziegenkäse. Tipp: der Ziegen- oder Schafsjoghurt, den man auch in den Supermärkten der Insel bekommt.
1 km außerhalb an der PM 804, T 971 19 75 16, www.cancaus.com, Di–So 13–16, 19.30–23.45 Uhr, €–€€

Easy going
Musset Café
Beliebter Frühstücks- und Brunchtreff, der auch vegetarische Gerichte anbietet.
Carrer Venda de sa Picassa, 2, T 971 19 76 71, www.mussetibiza.es, tgl. 8.30–17 Uhr, €

 Stöbern & entdecken

Auch spezielle Shopping-Bedürfnisse kommen in Santa Gertrudis nicht zu kurz. Im **Le petit Atelier nº74** (Passeig de Santa Gertrudis, 12, T 686 70 30 94, www.latelier-ibiza.numero74.com, tgl. 10–23 Uhr, Winter abweichend) neben der Bar Costa gibt es Deko, Kitchen Ware, Spielwaren und Strickmode im Ibiza-Stil. Daneben im **Siempre** (Passeig de Santa Gertrudis, 14, T 971 19 79 32, Mo–Di 11–15, 17–21, Do–Sa 11–21, So 11–15 Uhr, Winter abweichend) finden Sie hochwertige Deko, Haushaltswaren, Keramik und Kleinmöbel im Boho-Stil. Direkt gegenüber im **l_mental ibiza** (Passeig de Santa Getrudis, 9, T 696 11 87 30, www.lmentalibiza.com, tgl. 10–22 Uhr, Winter abweichend) gibt es nahezu alles, was sonst auf Ibizas Hippiemärkten angeboten wird – von luftigen Kleidern über Sonnenbrillen, Schmuck, Kerzen, Geschirr bis zu Mitbringseln.
Schöne Lederwaren bietet am Kirchplatz **Te Cuero** (Doppelbedeutung: *Te quiero* bedeutet ›Ich liebe dich‹; Plaça de l'Eglésia, 6, www.tecueroibiza.com, Zeiten ▶ Website) neben dem Restaurant Finca La Plaza (www.fincalaplaza.com, €€€).
Ein variantenreiches Angebot an Dingen, die man ganz sicher nicht gesucht hat, bietet das originellste Geschäft weit und breit, das **Parada** (Plaça de l'Eglésia, www.parada.club, tgl. 10–23.30 Uhr, Winter abweichend). Diese Boutique im ältesten Gebäude von Santa Gertrudis wirkt wie eine Mischung aus Kunstgalerie und Museumsshop. Sie sollten sie sich auf keinen Fall entgehen lassen!

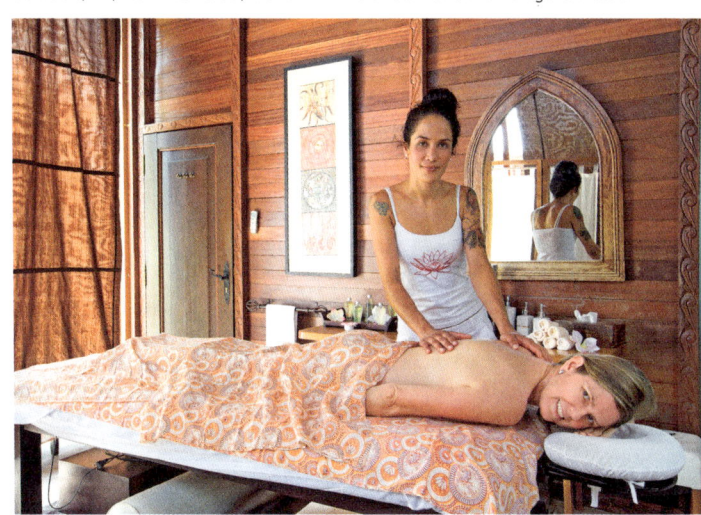

Standard auf Ibiza: Massage und Yoga – oft auch an den Stränden

#13

Wehrdorf wird Weltarchitektur – **Balàfia**

»Architektur ohne Architekt« nannte der österreichische Dadaist Raoul Hausmann den archaischen Baustil, der Ibizas weiße Würfel entstehen ließ. Seit den Zeiten der Karthager wird auf der Insel auf diese Weise gebaut. Hausmann lebte lange hier und ließ sich von den Würfelbauten beeindrucken und inspirieren. Durch die Kunde der Ibiza-Exilanten Raoul Hausmann und Walter Benjamin wurden auch Architekten wie Walter Gropius und Le Corbusier neugierig und studierten den Baustil – sodass als kunsthistorisch gesichert gilt, dass die Architektur Ibizas einen unmittelbaren Einfluss auf die Bauhaus-Architektur ausübte.

Auf der Straße EI300 von Eivissa nach Portinatx auf Höhe des Dorfes **Sant Llorenç de Balàfia** erhebt sich mitten in der grünen Landschaft ein schneeweißes Gewürfel: die **Torres de Balàfia**, eine kleine, heute privat bewohnte Trutzburg. Aber bei einem Spaziergang um die Gebäudeansammlung bekommt man eine Ahnung von – vor allem – den damaligen historischen Verhältnissen. Das Wehrdorf entstand im 16. Jh., als plündernde Piraten nicht nur die Küsten, sondern auch weiter im Inland gelegene Gegenden unsicher machten. Überall ergeben sich kleine Einblicke in die schneeweißen Würfelbauten, die von einem braunen Turm dominiert werden: Die Feste Torres de Balàfia ist das imposanteste Beispiel für die Architektur Ibizas, die sich seit Jahrtausenden praktisch nicht verändert hat.

Ein architektonisches Würfelspiel?

Die ›Zuckerwürfel‹ weisen eine Schlichtheit auf, die angesichts der überbordenden Spielereien des Jugendstils und Art-déco einen fast beschämenden Effekt hat. Ein Grund für die komplett quadratische Bauweise liegt darin verborgen, dass für jedes neue Familienmitglied – durch Geburt oder Hochzeit – ein Kubus angebaut wurde, der mit dem Wohnraum des Haupthauses ver-

---

T
TURTEL-RAST

»Eat, talk and feel the love«. Wenn Sie gerade hier sind: Etwas versteckt, aber ausgeschildert im Zentrum von Sant Llorenç liegt das romantische Café-Restaurant **La Paloma** (Sant Lorenç de Balàfia, T 971 32 55 43, www.palomaibiza. com, tgl. 12.30–16.30, 20–24 Uhr, €€), ein guter Grund, den Weg nach Balàfia anzutreten. Viele Liebespaare unternehmen Ausflüge hierher, um im schönen Garten zu flirten oder auch einen wirklich guten Happen zu sich zu nehmen – auch im Winter ein Romantik-Highlight!

Diskrete Einblicke in Ibizas Baukultur vermittelt die Feste Balàfia.

bunden war. Die tief in den Mauern sitzenden Fenster sind deshalb so klein, damit die Sonne das Innere nicht erhitzt. So entstand zugleich ein Wehrdorf, das nach außen gut gewappnet war. Geradezu rührend ist es daher anzusehen, dass hier und da tatsächlich noch eine lose Leiter an einer Wand steht. Mithilfe dieser Leitern zogen sich die Bewohner bei der Bedrohung durch Piraten in die türlosen Türme der Siedlung zurück. Auch wenn es keine Angreifer oder Eindringlinge mehr gibt, dort käme man einfach nicht hinein.

Weiße Fincas

Die klassische Finca verrät ebenfalls den Charakter des ibizenkischen Baustils mit Variationen: die überdachte Terrasse innen oder als Vorhof *(porxada)*, der große Wohnraum im Zentrum *(sala* oder *porxo)*, dahinter die Küche mit dem Ofen, der auch für die Wärme zuständig ist. Oder die Ausrichtung der Haupttür Richtung Süden, um den kalten Nordwinden den Rücken zu kehren. Fast alle Fincas auf Ibiza sind so ausgerichtet. Auch der etwas aus der Mode gekommene Spitzname *isla blanca* (›weiße Insel‹) resultiert aus der weißen Hausfarbe, die vor allem der Hitze geschuldet ist und einen angenehm kühlenden Effekt nach innen hat.

Faltplan: G 3

Formentera

Wie der abgebrochene Puck-Stern einer Single liegt die Insel lauernd vor Ibiza – zumindest, wenn man sie auf der Landkarte betrachtet. Zwischen den beiden Zacken der langgestreckten Insel liegt für viele das Paradies, für das sie Ibiza hinter sich lassen und direkt auf die nächste Fähre springen. Für karibische Impressionen und vor allem das Gefühl der Freiheit genügt ihnen schon eine Sporttasche und der Motorroller, Formenteras Verkehrsmittel Nr. 1 – und schon geht's in den ›Urlaub wie früher‹.

Formentera ▶ La Savina

Reif für die Vintage-Insel

📖 Karte 2

Kein Flughafen, kein Campingplatz, keine einzige Ampel: Wenn Ibizenker mal abschalten wollen, nehmen sie die Fähre nach Formentera – schließlich geht es dort nach landläufiger Meinung zu wie auf Ibiza vor 30 Jahren: ruhiger, langsamer, unaufgeregter. Ibizas viel kleinere Schwester mit 69 km Küste, 83 km² Fläche und gerade mal 19,5 km Durchmesser ist heute eines der letzten Refugien für Ferien in Hülle und Fülle – oder auch gleich ohne Hülle.

WAS TUN AUF FORMENTERA?

Ferien statt Urlaub machen

Formentera ist nicht einfach der ›wohlverdiente Urlaub‹, es ist der Griff nach Freiheit. Nicht wenige wurden von der Idee verführt, sich das ganze Jahr über auf dem Eiland aufzuhalten, das in Sachen Toleranz und Freizügigkeit noch eine Schippe drauflegt. Und man braucht zum Leben nur sehr wenig – das Meer und die Sinne sind ja schon da. Das beginnt schon bei der Überfahrt mit der Fähre. ›Ankommen, abschalten, aufdrehen‹ lautet die rituelle Trilogie des Formentera-Aufenthalts. Alle (die meisten Formentera-Urlauber sind übrigens Italiener und Deutsche) kommen im Hafenort **La Savina** an. Der Run vom Schiff zu den zahlreichen Vermieterplätzen vor den

Zum Trocknen aufgehängter Kabeljau, Bacalao, in Es Caló de Sant Agustí

Formentera ▶ La Savina

Massen an Zweisitzern ist schon ein Kult für sich, den viele aus Spaß an der Freude von den umliegenden Cafés aus beobachten.
Die Mehrzahl der Inselbesucher zieht es direkt weiter in ihre angestammten und lieb gewonnenen Domizile. In erster Linie geht es natürlich zu den Stränden, allen voran zu jenen der Insel vor der Insel: **S'Espalmador** (▶ S. 98), wo man sich wie auf dem Mond fühlt. Der Strandclub **Beso Beach** (▶ S. 99) verlockt viele dazu, mit einer Jacht auf die Insel zu kommen, um direkt vor dem Szenelokal Anker zu werfen. In San Ferrans Ess- und Trinkmeile, der Carrer Mayor, trifft sich die Welt allabendlich in der **Fonda Pepe** (▶ S. 103) und schwadroniert über die guten alten Zeiten, desgleichen im **Chiringuito Bartolo** (▶ S. 100) an der Platja de Migjorn. Apropos Chiringuito:

Das Entsetzen war groß, als die Lizenzen für die acht legendären Strandbuden aka Chiringuitos 2024 alle (ausgenommen: Bartolo) neuen Betreibern erteilt wurden. Die Geister scheiden sich, was das für die fragile Seele Formenteras bedeutet (▶ S. 100). Formenteras Seele nachspüren kann man weiterhin zweifellos an einer der beiden Landspitzen, dem **Cap de Barbaria** oder dem **Cap de la Mola.** Viele Tagesausflügler, die es in Ibiza zeitig aus dem Bett schaffen, absolvieren diese Pflichtrunde, viele von ihnen wollen unbedingt auch in **La Tortuga** (▶ S. 103, ›Schildkröte‹) das legendäre Formentera-Schwein essen. Auf diese Art und Weise kommt man auch an einem einzigen Tag in Formentera auf den Geschmack von Freiheit und Abenteuer – Schwimmen ist dabei noch locker drin. Und wer die letzte Fähre verpasst, schläft schlimmstenfalls am Strand …

La Savina 🗺 Karte 2, E 10

Der Hafenort ist Anlaufstelle für alle, auch wenn sich die meisten schnell verkrümeln – aber nicht bevor sie sich ein Zimmer, ein Auto, Moped oder Rad besorgt haben.

WAS TUN IN LA SAVINA?

Ankommen und sich orientieren
Wenn man kein Tagesausflügler ist und ein Fahrzeug mieten möchte, wird empfohlen, schon im Herbst des Jahres vor der Reise einen Wagen zu bestellen, denn zur Saison hin werden die Preise teurer. Am besten kommen Sie aber auf Formentera ohne Auto aus!
Kein Zimmer gebucht? Hoppla! Hotels sind rar, und aufs Geratewohl kann man in der Saison Pech haben. Daher gleich vor Ort reagieren: Das Tourismusbüro in La Savina ist die einzige ganzjährig geöffnete Stelle des Fremdenverkehrsamts und vermittelt auch Ferienapartments. Last-Minute-Angebote haben oft Apartamentos Es Pujols sowie Astbury Formentera (▶ S. 98).

In fremden Betten

Romantisch und bescheiden
La Savina
Traditionelles, schön renoviertes, in vierter Generation geführtes Hostal mit eigenem Strandzugang.
Avinguda Mediterrania, 22, T 971 32 22 79, www.hostal-lasavina.com, €€

Gepflegt
Hotel Bahia
Renoviertes, mit leichtem Design-Chic versehenes, familiär geführtes Hotel mit Tradition und Hafen-, Ibiza- plus Es-Vedrà-Blick.
Port de La Savina, T 971 32 21 42, www.hotelbahiaformentera.com, €€–€€€

INFOS

Touristen-Information: Estación Marítima Formentera, Port de La Savina, T 971 32 12 10, www.formentera.es, Mo–Fr 10–14, 17–19, Sa 10–15 Uhr

Zimmervermietung über die Touristen-Information oder auch direkt bei Apartamentos Es Pujols (Pujols, Carrer Roca Plana, T 971 32 82 82, www.apartamentosespujols.com), Astbury Formentera T 971 32 35 05, www.formenteraurlaub.de).
Auto-/Zweirad-Vermietung und Taxis: Neben den bekannten Markenanbietern tummeln sich weitere **Vermieter** im Internet (z. B. www.billiger-mietwagen.de, www.doyouspain.de, www.autoeurope.de). Vor Ort können Sie sich ebenfalls beraten lassen: Formotor Rent (Hafen, T 971 32 79 29, www.formotor.com, Zweigstelle in Es Caló, T 971 32 70 48), Moto Rent Mitjorn (Hafen, T 971 32 23 06, www.motorentmigjorn-lasavina.com), Autos Isla Blanca (Hafen, weitere Standorte s. Website, T 971 32 12 74, www.autosislablancaformentera.com). Tipp: Vorher reservieren, das spart Zeit und Formalitäten vor Ort. Zu den Preisen generell: In der Saison mieten Sie Fahrräder ab 12 €, Motorroller (50 ccm) ab 25 €, Autos ab 50 €/Tag. **Taxiruf La Savina:** T 971 32 23 42

Die Nordspitze

Karte 2, E/F 8–10

Viele Besucher der Insel zieht es gleich an die Strände, die man schon von der Fähre vor sich liegen sieht: an die Platja de ses Illetes und zu den Buchten der vorgelagerten Insel S'Espalmador.

WAS TUN AN DER NORDSPITZE?

Süßes und salziges Nichtstun
Mitten im Naturschutzgebiet, vorbei am Salinengebiet **Estany Pudent** mit seinen rosa schimmernden Salzkrusten, hört die Welt nicht etwa auf. Aber hinter dem Parkplatz führen nur noch Sandpfade und Holzstege zum ostwärts gelegenen Sandstrand **Platja de Llevant** – und dann heißt es: Hosen runter! Der zum offenen Meer hin ausgerichtete Strand ist ein veritabler Nacktbadestrand. Wem das nicht gefällt: Gegenüber, an der Westseite der Nordspitze Formenteras, ist die **Platja de ses Illetes** eines der Aushängeschilder Formenteras – und von Jachten oft dicht belagert. Deren ›Bewohner‹ lassen sich gerne mittels sogenannte – Achtung: Jachtbesitzer-Fachjargon! – Dinghy Services von den Restaurants shutteln. Sie wissen warum: Für einige ist ein Besuch im Es Molí de Sal oder bei Juan y Andrea bereits ein Urlaubs-Highlight für sich. In der Strandbar Es Ministre geht es da wesentlich profaner zu.

Schlammbaden nackt und heimlich?
Sie mögen es etwas einsamer? Den beiden Stränden Richtung Ibiza vorgelagert ist die private Insel **S'Espalmador.** Auch hier dümpeln im Sommer zahlreiche Edeljachten. Ohne schwimmenden Untersatz zur Insel S'Espalmador zu gelangen, scheint zwar realistisch, aber aus Sicherheitsgründen sollte man per

Formentera ▶ Die Nordspitze

Raum und Zeit vergessen an der Platja de Llevant

Boot übersetzen. Aufgrund der nicht zu unterschätzenden Strömung zwischen Illetes und der zum Greifen nah scheinenden Insel gab es in der Vergangenheit mehrere Todesfälle!
Etwa auf mittlerer Höhe von S'Espalmador befinden sich schwefelhaltige **Schlammlagunen,** in denen man sich bis zum offiziellen Verbot herrlich suhlen konnte – im nahen Meer kann man sich ja schnell wieder reinwaschen. Auch die Titelheldin aus dem Film »Lucía und der Sex« (▶ S. 106) nimmt hier ein Bad. Von uns haben Sie das nicht …
Bootstransfer ab La Savina (T 609 84 71 16), von Ibiza ab Santa Eulària (T 971 33 22 51)

 Satt & glücklich

Für kleine Haie mit großem Hunger
El Tiburon
Preislich gemäßigtes Beachrestaurant, verglichen mit den sündhaft teuren Strandnachbarn. Schöne Atmosphäre, besonders abends zu Livemusik. (Nicht nur) für Kids gibt es hier auch Currywurst.
Camino de Ses Illetes 126, T 659 63 89 45, https://tiburonformentera.com, tgl. 13–22 Uhr, Winter geschl., €€–€€€

Sangria, Seafood, Stimmung
Beso Beach
Beachclub im Vintage-Design, den man von der Fähre aus locker mit dem Fahrrad erreicht und der schnell glücklich macht.
Cavall d'en Borràs, T 622 22 11 13 www.beso beach.com, tgl. 13–22 Uhr, Winter geschl., €€€

Locker
Es Ministre
Strandbar mit Cocktails, Essen, Musik und Shuttleservice.
T 609 60 05 38, www.restauranteesministre.com, tgl. 9–22 (Frühstück 9–12, Küche 12–18) Uhr, Winter geschl., €€–€€€

Gesalzene Preise
Es Molí de Sal
Leider teuer, aber für viele ist der Preis das Erlebnis wert, von der alten Salzmühle aus aufs Wasser zu schauen und dabei exzellent zu speisen.

14

Süßes Leben in Klein-Karibien – **Platja de Migjorn**

Betrachtet man das Leben als Strand, dann bietet die weite, weiße Platja de Migjorn mit dem türkisfarbenen Meer vielleicht das schönste im Mittelmeerraum. Mit Legenden wie der Blue Bar und chilligen Chiringuitos steht die Platja für einen Lebensstil, für den man nicht viel braucht.

Sich im feinsten Sand fläzen, plätschernder Musik von einem der fünf von Formenteras acht Chiringuitos (das sind die lässigen Strandbars) lauschen und von dort verträumt auf das weite Meer schauen, bevor man hüllenlos badet oder im Strandtuch chillend den Sonnenuntergang beobachtet – so sieht das Leben an der Platja de Migjorn aus. Hier trifft sich auch außerhalb der Saison die Strandclique, trinkt ein Bier und schaut: vor allem über das Meer.

Nichts schien dieses Paradies je ins Wanken bringen zu können. Doch 2024 trat das Undenkbare ein: Die langjährigen Betreiber von Formenteras Chiringuitos, die meisten dieser Bars seit Jahrzehnten in Familienhand, verloren ihre Konzessionen an neue Lizenznehmer (▶ links). Nur **Bartolo** ❶, dessen Familie seit über 40 Jahren kurz vor der schönen Caló d'es Mort den Chiringuito mit dem Glücksbaum betreibt, konnte bleiben: Der neue Lizenznehmer zog sich überraschenderweise zurück …

Während manche Gäste noch ihren (Jugend-)Erinnerungen und den alten Bars nachtrauern, haben sich die neuen bereits eigene Fangemeinden aufgebaut. Nun chillt man bei der durchgestylten Schönheit **Gitana** ❷ (ehem. La Franja), dem **KM11** ❸ (ehem. Piratabus), dem **Amagatai** ❺ (ehem. Lucky) – nicht weit entfernt von der **Blue Bar** ❹ (schon zur Hippiezeit eine der wichtigsten Anlaufstellen Formenteras) – oder dem **Karai** ❻ (ehem. Kiosco 62), ein entspannter Treff mit leckeren Tacos, Burgern und Tapas, inspiriert von der mexikanischen Halbinsel Baja California.

Zwar haben ›die Neuen‹ (teils geänderten baulichen Auflagen geschuldet) an Charme eingebüßt,

ÜBRIGENS

Alle sechs Jahre müssen die Konzessionen für Formenteras Chiringuitos neu beantragt werden – in der Vergangenheit reine Formsache. 2021/22 jedoch war alles anders: Alle acht Betreiber verloren in einem undurchsichtigen Verfahren ihre Lizenzen. Es gab Demonstrationen »gegen den Tod der Seele Formenteras« und erfolglose Einspruchsverfahren. 2024 starteten schließlich sieben neue Betreiber; nur Bartolo ist geblieben.

Platja de Migjorn *#14*

Aus dem Kiosco 62 wurde der Chiringuito Karai.

das Konzept der einfachen Strandbar mit ehrlichen Snacks, entspannter Musik und den Füßen im Sand ist aber auch in neuem Gewand unschlagbar.

INFOS/ÖFFNUNGSZEITEN

Platja de Migjorn: südlich des Camí Vell de la Mola. Chiringuitos, Restaurants und Hotels sind an den Kilometersteinen ausgewiesen. Die Chiringuitos öffnen in der Regel ganzjährig von 11 Uhr bis kurz nach Sonnenuntergang.
Bartolo ❶: Carretera a Maryland I, €
Gitana ❷: Km 11, Camí es Arenals, @gitanachiringuito, €
KM11 ❸: Km 11, @km11_chiringuito, €
Blue Bar ❹: Km 8, T 666 75 81 90, www.bluebarformentera.com, tgl. 12.30– 2.30 Uhr, Winter geschl., 18–22 Uhr kleine Gerichte €, sonst €–€€
Amagatai ❺: Km 7,8, @amagatai__formentera, €
Karai ❻: Km 6,2, @karai_chiringuito, €

... UND EIN RESTAURANT

La Fragata ❼ (Km 10,8, Carretera del Pilar de La Mola, T 624 70 99 24, www.fragataformentera.com, €€) gehört zu einem Apartmentkomplex und bietet seit 1979 ehrliche Formentera-Küche.

Faltplan: Karte 2, F/G 11

Carrer Afores, T 971 18 74 91, www.esmolidesal.es, April–Okt. tgl. 13–24 Uhr, €€€

Es Pujols Karte 2, F/G 10

Auch wenn der touristischste Ort Formenteras von vielen gemieden wird, ist er eine gute Homebase. Schließlich kann man von dem Städtchen mit zahlreichen Hotels, Restaurants und einer schönen Strandpromenade zu Fuß die Traumstrände an der Nordspitze erreichen und ist mit dem Fahrrad schnell an der Platja de Migjorn. Selbst der ›Stadtstrand‹ Platja d'es Pujols ist eine wahre Schönheit.

WAS TUN IN ES PUJOLS?

Flanieren, flanieren, flanieren
Ob über Holzstege und entlang der Küste zum abgelegenen ›Secret Beach‹ östlich von Es Pujols in der **Cala En Baster** mit seinen Fischerhütten und Höhlen oder gen Norden zu den Strandperlen **Platja de Llevant** und **Platja de ses Illetes**, ob bei mäßigem Wetter rund um den Salzsee **Estany Pudent** (beschilderter Wanderweg) oder abends über den **Hippiemarkt** (Mai–Sept. tgl. 20–24 Uhr) an der Strandpromenade: In Es Pujols wird flaniert, spaziert, gewandert.

 Satt & glücklich

Bester Mojito der Insel?
Chiringuito Briss
Neue Strandbar in bewährten Händen: Victor, der 15 Jahre lang bis zu dessen Schließung im legendären Piratabus (▶ S. 100) Mojitos mixte, führt das 2024 eröffnete Briss. Gesundes Frühstück, leckere Burger, Gerichte zum Teilen.
Platja d'es Pujols, @brissformentera, ganzjährig 10 Uhr bis Sonnenuntergang, €–€€

Sant Ferran de ses Roques

 Karte 2, F 10

Zwischen Es Pujols und der Inselhauptstadt Sant Francesc liegt in der Wahrnehmung vieler mit Sant Ferran das geistige – oder auch hochgeistige – Zentrum Formen-

Und Formentera wandelt sich doch: der neue Chiringuito Briss

Formentera ▶ Sant Francesc

teras, noch genauer: die Fonda im Zentrum des Orts. Wenn sie abends aus ihrer Siesta erwacht, ist sie nicht mehr wiederzuerkennen.

WAS TUN IN SANT FERRAN?

Für dick Besaitete
Formentera Guitars
Der legendäre Musiker Jaco Pastorius ging mit seinem E-Bass sogar im Meer baden. Wer sein Instrument ähnlich liebt, kann es in diesem kleinen Ort selbst bauen. In dreiwöchigen Kursen bauen die Teilnehmer bei Formentera Guitars ihre E-Gitarren und E-Bässe unter kundiger Anleitung von Ekkehard Hoffmann selbst – und taufen sie dann im Meer.
Carrer Sant Jaume, 17, T 971 32 86 88, www.formentera-guitars.com, Kursgebühr inkl. aller für ein Instrument erforderlichen Materialien 3100 € (›Wiederholungstäter‹ erhalten 500 € Nachlass)

 Satt & glücklich

Essen und Trinken im Carrer Major
Sant Ferrans Carrer Major ist die berühmteste Gasse der Insel, die Hippiekneipe **Fonda Pepe** allabendliche Anlaufstelle für Biertrinker, Aussteiger, sanfte Touristen und andere, die einfach auf der Mauer sitzen und über Gott und die Welt reden wollen. Früher warf man die Bierflaschen in den Nebengarten, heute ist das politisch nicht mehr korrekt. Kult ist der Laden dennoch geblieben. Die Fonda Pepe ist eigentlich das Restaurant **P.Y.K.** (Do–Di 20–3 Uhr, keine Reservierungen, €), seit 1963 eine feste Institution, Zentrum der Hippie-Bewegung und heute noch Dreh- und Angelpunkt für Millionen Formentera-Fans. Und www.fonda.de ist nicht etwa die Website der Location, sondern die Austauschplattform für Formentera-Vermisser. Darüber hinaus kann man in der trubeligen Gasse im **Macondo** (Nr. 67, T 638 31 70 33, https://macondoformentera.com, tgl. 19–24 Uhr, €) Pizza essen und die Szenerie beobachten, oder traditionell im **Can Forn** (Nr. 39, T 971 32 81 55, Mo–Sa 13–15.30, 20–23.30 Uhr, Winter geschl., €€) vor allem inseltypische Gerichte verspeisen.

Schwein gehabt!
La Tortuga
Außerhalb von Sant Ferran liegt das La Tortuga direkt an der Straße in Richtung La Mola. Die ›Schildkröte‹, eine nicht zu übersehende Finca, bietet leckere Salate, vor allem aber viel Fleisch, auch vom berühmten Formentera-Schwein. Für viele mindestens einmal pro Urlaub Pflicht, für manche sogar ein Grund, einen Ausflug nach Formentera zu unternehmen!
Carretera La Mola Km 6,8, T 971 32 89 67, tgl. 19.30–23.30 Uhr, Winter geschl., €€

Tapas und Insulaner
Bar Verdera
Frische Fisch- und andere Tapas in der Unschein-Bar, wo sich auch die Ferraner gern treffen.
Carrer de Joan Castelló Guasch, 1, T 971 32 22 19, tgl. 6.30–1 Uhr, €

Sant Francesc Xavier 🗺 Karte 2, F 10

San Francisco Javier, wie Formenteras Hauptstadt auf Spanisch heißt, ist ein hübsches kleines Städtchen mit einer Fußgängerzone, dem Carrer de Jaume I, die in den Kirchplatz Plaça de sa Constitució mündet. Politisch korrekt ist jedoch die Bezeichnung »Verwaltungszentrum des Gemeindebezirks Formentera«, da die ganze Insel als eine Gemeinde gilt.

WAS TUN IN SANT FRANCESC?

Sich für den Strand eindecken
In der Fußgängerzone Carrer de Jaume I finden Sie Souvenirläden und Boutiquen, teilweise mit sehr ausgesuchten Kleidungsstücken – spätestens hier sollten Sie sich den strandtypischen Sarong

103

Formentera ▶ Sant Francesc

Extrem entspannt: Abendstimmung am Kirchplatz von Sant Francesc Xavier. Die schlichte, aber wehrhaft befestigte gleichnamige Kirche stammt aus dem 18. Jh.

zulegen, am besten mit Formenteras inoffiziellem Logo, der Eidechse.

 In fremden Betten

Solide
Casa Rafal
Gut geführte Pension mit acht Zimmern und nur wenige Meter vom Hauptplatz entfernt. Die schlichten Zimmer (mit Gemeinschaftsbad) sowie die anständigen Mahlzeiten im Restaurant sind gut.
Carrer I. Macabich, 10, T 971 32 22 05, www.casarafal.com, ganzjährig, €

 Satt & glücklich

Frühstücken wie bei Mama
Café Matinal
Formenteras erste Adresse für ein einfach(es) gutes Frühstück, 1988 von der Deutschen Ina Maria eröffnet. Marmeladen, Joghurt oder Brot sind selbst gemacht, fast alles stammt von der Insel.
Carrer de l'Arxiduc Lluís Salvador, T 971 32 25 47, www.cafematinal.com, Ostern–Ende Okt. Mo–Sa 8.30–15, 19.30–24 Uhr, €

Rezeptfrei glücklich
Sa Farmacia
Im Gebäude der ersten Apotheke Formenteras hat Sven Heinrich, zuvor Chef des Piratabus (▶ S. 100), eines der ambitioniertesten neuen Lokale Formenteras eröffnet. Sohn Moritz zaubert eine mediterran-asiatische Fusionsküche auf die Teller. Großartiges Fleisch vom Josper Grill, tolle internationale Weinkarte – und dazu eine herrliche Außenterrasse.
T 608 22 60 19, www.restaurantesafarmacia.com, tgl. Mai–Okt. 19–1, Juli/Aug. 20–1 Uhr, Winter geschl., €€–€€€

Fürs gepflegte Candlelight-Dinner
A Mi Manera
Kerzen, Windlichter und romantische Dekoration: traumhaftes Freiluftrestaurant im Garten einer Finca. Mutter des gleichnamigen Hauses an der bekannten ›Restaurant Road‹ (▶ S. 25) auf Ibiza.
Außerhalb, Carretera Cala Saona Km 0,2, T 971 32 29 03, www.amimaneraformentera.com, bei Redaktionsschluss geschl., Wiedereröffnung für 2025 angekündigt, €€€

Das beste der Insel
Sol
Lokale Küche auf höchstem Niveau direkt am Strand in der Traumbucht Cala Saona. Chef Joan Costa verfolgt konsequent die ›Kilómetro Cero‹-Philosophie und verarbeitet (fast) nur Produkte der Insel.

Cala Saona, www.restaurantsol.com, T 680 66 57 31, tgl. 13–17, 20.30–23 Uhr, €€–€€€

INFOS

Touristen-Information: an der Plaça de sa Constitució, hinter der Kirche, Mai–Okt. Mo–Fr 9–15 Uhr

Es Caló de Sant Agustí   Karte 2, G 11

Auf dem Weg quer über die Ebene der Insel in Richtung La Mola durchquert man auf der PM 820 bei Km 13 die kleine Ansiedlung, bevor es ›hoch‹ zum Cap de la Mola geht. Es Caló de Sant Agustí ist ein heißer Tipp, wenn Sie einen wahrhaft idyllischen Urlaub verbringen möchten.

🏠 Kost, Logis und Diner
Hostal Rafalet / Hostal Mar Blau
Zwei Brüder besitzen jeweils eines der schlichten, nebeneinander liegenden Hotels mit einfachen Zimmern und fantastischen Aussichten aufs Meer: Rafalet und Mar Blau. An die Hostales schließt sich das Restaurant **Can Rafalet** (▶ unten) direkt am Naturhafen an.

beide: Carrer de sa Pujada, s/n; **Hostal Rafalet:** T 971 32 70 16, www.hostal-rafalet.com; **Mar Blau:** T 971 32 70 30, www.hostalformentera marblau.es; beide Winter geschl., €–€€

🍽 Top Fisch, top Ausblick
Can Rafalet
Direkt am Meer gelegen mit Traumblick auf das tief-türkisfarbene Meer. Das Rafalet gilt als bestes Fischrestaurant Formenteras. Unbedingt reservieren!

Carrer Sant Agusti, 1, T 971 32 70 77, www.restaurantcanrafalet.com, Di–So 13–23 Uhr, €€

🍽 So fern und doch so nahrhaft
Can Pasqual
Sicherlich eines der schönsten und besten Restaurants der Insel im Neo-Boho-Stil, zwar ohne Meerblick, dafür aber mit einem umso schöneren Garten. Perfekt für ein romantisches Dinner, allerdings nicht ganz billig.

Carrer Francesc Aragó, 2, T 971 32 70 14, www.canpasqualrestaurant.com, Do–So 13–16, 20–23 Uhr, €€€

🍽 Hang loose
Acapulco Formentera
Auch wenn diese coole Surferbar weder auf Hawaii noch am Strand liegt, ist sie eine absolute Zum-Verlieben-Location, perfekt für einen Einkehrschwung mit Freunden mit der Vespa nach einem Tag am Strand.

Avinguda de la Mola Km 12,5, T 971 32 71 98, www.fb.com/acaplcoformentera, Mi–Mo 19.30–1 Uhr, Winter geschl., €–€€

G FLUNKERT?

Statt motorisiert über die Straße gelangen Sie auch naturbelassen, sprich wandernd von Es Caló de Sant Augustí hinauf in die Ebene von La Mola: auf dem **Camí Romà**. Der Weg ist nicht besonders anspruchsvoll und bezaubert am Berg mit Aussichten wie aus dem Inselbilderbuch. Es besteht übrigens kein Zweifel an der zeitweisen Besiedlung Formenteras durch die Römer, doch lässt sich kein triftiger Beleg dafür finden, dass der Weg oder die Grundrisse des anliegenden **Castell Romà de Can Blai** wirklich römischen Ursprungs sind – oder dass in den 1960er-Jahren der Popbarde **Bob Dylan** seine Wohnstatt in der Mühle von La Mola genommen hätte, wie gerne kolportiert wird.

15

Lichter am Ende der Welt – **Far de la Mola und Far de Barbaria**

Ob Romankulisse oder einfach verzaubert: Die beiden Inselkaps Far de la Mola und Far de Barbaria haben beide ihre eigene Story.

Vor das eine Ende Formenteras hat der Herrgott die Anhöhe von Mola gesetzt. Das bescheidene Dörfchen **El Pilar de la Mola,** das oben am Ende des Waldes hervortritt, liegt bereits auf der schönen, weiten Hochebene von La Mola, die sich an der schnurgeraden Straße entlang bis hinaus zum Cap de la Mola mit dem gleichnamigen Leuchtturm erstreckt: **Far de la Mola** [1]. In seinem Roman »Reise durch das Sonnensystem« lässt Jules Verne Formentera durch einen abstürzenden Kometen genau an diesem Punkt zerstören. Deshalb hat man dem Schriftsteller an Ort und Stelle ein Denkmal gesetzt.

Das Bild wäre unvollständig, würde man sich nicht auch das andere Ende der Insel ansehen. Das Beeindruckende an Formentera sind die Niveauunterschiede – vom Hochland La Mola hinunter in die Ebene der Inselmitte und dann durch die hügelige Landschaft zum Cap de Barbaria. Auf der Fahrt werden diese Unterschiede auf aufregende (Fahr-)Weise deutlich. Links liegen gerade noch ein paar punische Überreste, es wird merkwürdig kahl, dann geht es noch durch einige Kurven, bis schließlich jener Moment kommt, an dem sich an einer Stelle überraschend der **Far de Barbaria** [2] zeigt, um erst mal wieder zu verschwinden: genau wie die legendäre Kamerafahrt im Film »Lucía und der Sex« von Julio Médem, laut BBC »one of the most inventive and erotic films« des Jahres 2002. Die Kellnerin Lucía rollt auf der Suche nach ihrem verloren gegangenen Freund Lorenzo auf der im Film zwar fiktiven, aber doch eindeutig als Formentera erkennbaren ›Insel‹ auf den Leuchtturm zu und fällt dort in ein Loch, um an einem anderen, imaginären Ende in Madrid einige Jahre

SOUVENIR

Auf der Hochebene von La Mola keltert man in der hervorragenden **Bodega Terramoll** (Carretera de la Mola Km 15, T 971 32 72 93, www.terramoll.es) kräftige Weiß-, Rosé- und Rotweine. Die Betreiber bieten von Mai bis Oktober für Gruppen Verkostungen (Mo, Mi, Fr 19 Uhr, 3 Weine, 25 €/ Pers., private Verkostungen n. V.) an. Nicht nur wegen ihrer schönen Flaschenetiketten – sie zeigen abstrahiert die Salinen und das türkisfarbene Meer Formenteras – sind der Weißwein Savina oder der Roséwein Rosa de Mar, schöne Souvenirs, die man sich auch nach Hause bestellen kann.

Far de la Mola und Far de la Barbaria #15

Wer traut sich? Zugang zu Lucías Höhle und zu einem beeindruckenden Klippenbalkon hoch über dem Meer

zuvor zu landen – ein Zeitloch als Kunstgriff des Regisseurs und Möglichkeit, den verschwundenen Freund in ihrer Geschichte auferstehen zu lassen.

Auch als Normalsterblicher kann man in das etwa 20 m vom Leuchtturm entfernte Film-Loch ›fallen‹: in die **Cova Foradada** 3, in der man bis zu einer Art Balkon ganz nach vorne zur Meeresklippe gelangt. Allerdings fällt man nicht so tief wie Lucía im Film: In Wirklichkeit ist das Loch in die Höhle keine 2 m tief. Mit etwas Geschick oder Hilfe klettert man über eine Holzleiter hinunter und blickt am Ende wie von einem Balkon aus auf das weite Meer. Und ein bisschen auch aufs Ende der Welt.

KULINARISCHES FÜR ZWISCHENDRIN

Das **Codice Luna** 1 (+39 333 249 52 96, @codice_luna_formentera, tgl. 11–21.30 Uhr, Winter geschl., €€) direkt am Leuchtturm Far de la Mola ist ein Chill-out, wo man Snacks verzehren und die Seele baumeln lassen kann – wenn man einen Platz bekommt.

Faltplan: H–J 11 (Far de la Mola); F 10–E 12 (Far de Barbaria)

Hin & weg

ANREISE

… mit dem Flugzeug

Von Deutschland, Österreich und der Schweiz beträgt die Flugzeit bei Direktflügen ca. 2,5 Std. Direktflüge bieten Lufthansa, Discover, Eurowings, Condor, Tui Fly, Ryanair, Swissair und Austrian Airlines an. Weiterhin besteht die Möglichkeit, über Mallorca, Barcelona oder Madrid zu fliegen – im Winter gibt es kaum Direktflüge. Umsteigeverbindungen gibt es u. a. mit der spanischen Iberia oder Vueling.

Der **Flughafen** liegt ca. 6 km von Eivissa entfernt. Auf www.aena.es/de/ibiza.html finden sich alle Ankunfts- und Abflugzeiten in Echtzeit sowie Infos zu Transfers, Parken und weiteren Dienstleistungen. Für die Taxifahrt ins Zentrum muss man mindestens mit 15 Min. rechnen. Bus Nr. 10 braucht 25–35 Min. (Sommer alle 30 Min. ab Flughafen 7.45–22.15, ab Eivissa 8.05–22.05, Winter stdl. ab Flughafen 8.15–22.15, ab Eivissa 8.35–22.35Uhr.

INSELMAGAZIN

¡Hola Ibiza!
Im deutsch- und englischsprachigen Online-Magazin ¡Hola Ibiza! (www.hola-ibiza.com) gibt der Co-Autor dieses Reiseführers, Marcel Brunnthaler, aktuelle Empfehlungen und Tipps inklusive z. B. Opening- und Closing-Termine der Clubs, stellt seine persönlichen Neuentdeckungen vor und blickt hinter die Kulissen der beiden Pityusen Ibiza und Formentera. Reportagen über beispielsweise die typischen Chiringuitos der Inseln, Ibizas Dinnerclubs, den Wein- oder Olivenanbau sowie Interviews mit Legenden und Persönlichkeiten der Inseln helfen, Ibiza und Formentera besser zu verstehen.

… mit dem Schiff

Vom spanischen Festland bestehen Fährverbindungen von Barcelona, Dénia und Alicante. Die Fahrzeit von Barcelona beträgt mit der normalen (Auto-)Fähre ca. 8 Std., mit dem Schnellboot 4,5 Std. In der Hochsaison sollte man eine Autopassage besser vorher buchen.

DIPLOMATISCHE VERTRETUNGEN

Für Ibiza und Formentera zuständig ist das **deutsche Honorarkonsulat** auf Mallorca: www.palma.diplo.de

Österreichisches Konsulat
Avinguda Jaume III, 29, entresuelo
07001 Palma de Mallorca
T 971 42 51 46

Schweizer Konsulat
c/o Universal Hotels, Edificio Generium, bloque B, planta 3, Carrer Gremi Cirurgians i Barbers, 25
07900 Palma de Mallorca
T 682 84 04 71
oder **Generalkonsulat in Barcelona:**
www.eda.admin.ch/barcelona

GESUNDHEIT

Mit der Europäischen Krankenversicherungskarte (EHIC) können Sie sich kostenfrei behandeln lassen. Eine Auslandskrankenversicherung ist zu empfehlen, um Zusatzkosten (z. B. Rücktransport ins Heimatland) abzudecken. **Krankenhäuser** finden Sie in Eivissa (Can Misses, Carrer Corona, T 971 39 70 00) und auf Formentera in La Savina (Carrer Venda des Brolls, s/n, T 971 32 12 12). Im Marina-Viertel in Eivissa gibt es auf dem Carrer d'Annibal bzw. Carrer d'Antoni Palau drei **Apotheken,** stets hat eine die Nacht über Dienst. Die Adressen deutsch(sprachig)er **Ärzte** finden Sie in der Zeitschrift IbizaHEUTE bzw. auf www.ibizainfos.net/inselleben/gesund

Hin & weg

Lang gezogene Schönheit: Formentera von der Erhebung beim Restaurant Es Mirador aus betrachtet (ganz im Hintergrund Ibiza)

heit-und-medizin/aerzte-auf-ibiza. Auch das Fremdenverkehrsamt hilft weiter.

INFORMATIONSQUELLEN

**www.spain.info/de,
www.tourspain.es**
Allgemeine Touristeninformation
www.ibiza.travel, https://turismo.eivissa.es
Hier finden Sie neben den Standards ausführliche Infos, vor allem zu Kulturevents und Sport wie Wander-und Radwanderkarten oder Streckenbeschreibungen zum Downloaden.

Tourismusbüro Ibiza
Passeig Vara de Rey /
Carrer Comte Rosselló, 1, Eivissa
T 971 30 19 00

Spanische Tourismusämter (Turespaña)
... in Deutschland
Botschaft von Spanien,
Lichtensteinallee 1, 10787 Berlin
T 030 882 65 43
www.spain.info/de, www.tourspain.es

Reuterweg 51–53
60323 Frankfurt/Main
T 069 72 50 33

Postfach 15 19 40, 80051 München
T 089 53 07 46 12

... in Österreich
Walfischgasse 8/14, Mezzanin
A-1010 Wien
T 01 512 95 80 11
www.tourspain.es

... in der Schweiz
Seefeldstr. 19
CH-8008 Zürich
T 044 253 60 50
www.tourspain.es

Puntos de Información
Touristen-Informationen sind in Eivissa, Sant Antoni, Santa Eulària und La Savina (Formentera) stationiert, im Sommer auch am Flughafen. Neben Auskünften zu Busfahrplänen und aktuellen Öffnungszeiten bekommt man dort auch Karten und viele spezielle Broschüren. Die meisten Mitarbeitenden sprechen zumindest Englisch.

Hin & weg

Portale und Blogs
www.eivissa.org: Offizielle Website des Consell Insular d'Eivissa (Katal., Span.) mit nützlichen Adressen.
www.santantoni. net, www.santaeulariadesriu.com, www.sant josep.net, www.santjoandelabritja. com: Websites der Inselregionen mit aktuellen Hinweisen auf Wanderwege, Strände, Hotels und Veranstaltungen.

www.ibiza-spotlight.de: Informations- und Buchungsportal für Unterkünfte, aber auch für Clubtickets, Gay Ibiza sowie aktuelle Gastrotipps und ein Eventkalender.

www.formentera.es: Die Seite des Tourismusverbandes gibt einen guten Überblick über die Insel inkl. Eventkalender. Auch auf Deutsch.

KLIMA & REISEZEIT

Bei rund 300 Sonnentagen im Jahr und häufig warmen Süd- und Südwestwinden aus dem nahen Nordafrika sind Ibiza und Formentera ganzjährig lohnende Reiseziele. Ibiza hat sogar im Schnitt ein milderes Klima als Mallorca und ist natürlich im Hochsommer heiß und voll. Im Juli und August ist eigentlich nur ein Strandurlaub zu empfehlen. Die angenehmeren Reisezeiten für Aktivurlaub sind Frühling und Herbst. Im Sommer ist Baden immer und überall möglich, im Winter bei Wassertemperaturen von 13/14 °C eher etwas für Hartgesottene. Am Meer ist es zu jeder Jahreszeit ein wenig kühler als im Inselinneren. Auch im Hochsommer herrscht selten extreme Hitze, die maximale Lufttemperatur beträgt 34 °C.

ÖFFNUNGSZEITEN

Die üblichen Öffnungszeiten sind 10–14 und 17–20 bzw. 22 Uhr. Von 14 bis 17 Uhr halten aufgrund der Hitze die Geschäfte Siesta. In dieser Zeit muss man auch mit Einschränkungen in Dienstleistungsbereichen rechnen (Banken, Autovermietung etc.).

REISEN MIT HANDICAP

Die großen Hotels haben in der Regel barrierefreien Standard, zumindest

Ibiza und Formentera vom Wasser aus erkunden: Sitzend oder stehend lassen sich paddelnd sonst unzugängliche Buchten erreichen.

Hin & weg

Rampen und guten Zugang zu den einzelnen Facilities. Es gibt einige behindertengerechte Strände, an denen sogar Schwimmrollstühle zur Verfügung stehen (u. a. Talamanca, Cala Nova und Santa Eulària). Der Club Náutico in Eivissa bietet Sport für Blinde und Behinderte, z. B. Kajakfahren, Segeln und Spaß am Strand.

SICHERHEIT & NOTFÄLLE

Notruf für Ambulanz, Polizei und Feuerwehr *(bombers):* T 112
Kriminalität: Auf Ibiza gibt es zwar wenig Gewalt, aber Drogen- und Beschaffungskriminalität. Hier gilt: Geld und Wertsachen gehören in den Safe, nichts im Auto liegen lassen, auch keine Jacken (Handschuhfach offen lassen), nichts in den Kofferraum legen (Sie werden unter Umständen schon beobachtet). Unterwegs besser nur wenig Bares mitnehmen. Statussymbole wie Uhren (auch Imitate) werden gerne von Profibanden geklaut, die so schnell sind, dass man kaum reagieren kann. Bargeld lieber tagsüber oder an belebten Ecken aus der Maschine ziehen.

SPORT & AKTIVITÄTEN

Informationen zu sportlichen Aktivitäten und Veranstaltungen
www.touribisport.com

Jachtcharter
Motorsport zu Wasser ist ein teures Vergnügen. Eine Motorjacht kostet ab 300 €/Tag plus Benzin und Kapitän. Kleine Boote bis 15 PS kann man ohne Führerschein chartern, allerdings ist das aufgrund des hohen Verkehrs nicht zu empfehlen und macht auch wenig Spaß. Deutschsprachige Anbieter für ›richtige‹ Boote sind Ibiza Yachting (T 971 31 53 21, www.ibizayachting.com) und Haller Experiences (T 650 97 70 81, www.hallerexperiences.com). Wenn man sich die Kosten mit Freunden teilt, kann man sich auch mal eine kleine Jacht leisten.

Kayaking & Stand-up-Paddling
Ibiza mit eigener Muskelkraft vom Meer aus: 20 beschriebene Routen rund um die Insel gibt es in den Tourismusbüros oder unter www.ibiza.travel (ganz unten im Downloadbereich). Kayak Ibiza (www.kayak-ibiza.com) und SUP Ibiza (www.supibiza.net) bieten ganzjährig geführte Touren an und verleihen Ausrüstung.

Parasailing
Der kleine Rundflug vom Wasser aus wird vor allem an den Stränden von Santa Eulària und Sant Antoni angeboten, z. B. von Mambo Parasailing (www.jimmymamboparasailingibiza.com).

Radfahren
Ibiza und Formentera verfügen über ein relativ gut ausgebautes und beschildertes Netzwerk an Routen aller Schwierigkeitsgrade – sowohl für (E-)Mountainbikes als auch Straßenräder – über ruhige Nebenstraßen und Wanderwege, die bis zu den entlegensten Orten führen. Ein Mountainbike ist von Vorteil. Im Tourismusbüro erhält man eine Broschüre mit Routenplänen, die mit den Schildern und Tafeln in der Natur korrespondieren; auch Karten sind erhältlich. Wegen der Sommerhitze sind die Trips eher im Frühjahr und Herbst zu empfehlen.

Tauchen
Deutschsprachige Tauchschulen gibt es in Santa Eulària (Divestar, T 971 33 67 26, www.divestar-ibiza.com) und in der Cala Vedella (Bib Blue Ibiza, T 650 76 92 96, www.bigblueibiza.com).

Wandern
Material über Wandermöglichkeiten *(senderismo)* erhält man gratis in den Touristenbüros. Persönlich und außergewöhnlich: Auf ›Lost Tours‹ mit Toby Clarke (▶ S. 64). Auf www.sanjuanibizatravel.com sind unter ›Hiking‹ Touren hinterlegt, die gut ausgeschildert sind.

Yoga
Besonders im Norden gibt es zahlreiche Yoga Retreats. Oft bestehen dort auch

Hin & weg

Unterkunftsmöglichkeiten (Überblick unter www.ibizaretreats.com).

SPRACHE

Die offizielle Amtssprache auf Ibiza und Formentera ist Katalanisch (und nicht Spanisch). Mit Englisch kommt man aber mehr als gut über die Runden.

STEUERN

Auf Ibiza gibt es eine Touristenabgabe in Gestalt einer Übernachtungssteuer (0,75–4 €/Nacht/Person). Die Summe wird von den Hoteliers bei Ankunft oder Abreise der Gäste in Rechnung gestellt und ans Finanzamt abgeführt. Die genaue Höhe richtet sich nach der Art der jeweiligen Unterkunft und variiert je nach Saison. Kinder und Jugendliche unter 16 Jahren sind von der Abgabe befreit.

ÜBERNACHTEN

Hotels und Agroturismos sind in der Regel die teuersten Möglichkeiten, auf Ibiza zu übernachten, Hostals und Fincas die preiswerteren. Tipp: Fincas sind besonders authentisch, meist auf dem Land, oft sogar mit Pool ausgestattet und zahlen sich bei Gruppenurlauben aus – dann kosten die Landhäuser mit drei bis vier Schlafzimmern schon mal um 250 €/Nacht. Such- und Buchungsportrale sind z. B. www.onevillasibiza.de, www.fewo-direkt.de, www.ibiza-selected.com oder www.ibizarural-villas.com (alle auf Deutsch).

ÜBERNACHTUNGSPREISE

€ unter 200 Euro
€€ 200 bis 300 Euro
€€€ über 300 Euro
Preise für ein Doppelzimmer mit Frühstück

VERKEHRSMITTEL

Fähren
Wer nach Formentera reist, verfährt nicht unbedingt nach Fahrplan, schließlich verkehren die Fähren von früh bis spät mehrmals pro Stunde. Die meisten Flugreisenden schauen an Ort und Stelle, welche Fähre als nächstes ablegt. In der Saison bieten die Fährdienste einen kostenlosen Shuttle mit der Buslinie 10 in den Hafen (alle 15 Min., Dauer 15–25 Min.). Faustregel: Man ist in etwa 90 Min. nach der Landung am Fähranleger.
Baleària verkehrt in der Saison auch auf direktem Weg zwischen Dénia auf dem spanischen Festland und Formentera sowie Valencia und Sant Antoni. Tipp: Die Tickets erst vor Ort kaufen, ehe man eine gebuchte Fähre womöglich verpasst. Infos, Abfahrtzeiten, Preise und Buchungen direkt bei den Fährunternehmen: www.balearia.com/de, www.trasmediterranea.es.

Mietwagen und Zweiräder
Die Autovermieter von Avis über Europcar, Hertz und Sixt findet man auf Ibiza am Flughafen (▶ S. 108) und in der Saison auch in Ballungsgebieten wie Sant Antoni, Santa Eulària oder Cala Vedella. Auf Formentera herrscht im Hafen von La Savina nahezu ein Überangebot an zu mietenden Zweirädern (▶ S. 98) – ob mit oder ohne Motor. Auch die lokalen Anbieter sind grundsätzlich seriös.
Ab einem Alter von 21 Jahren ist es möglich einen Wagen zu mieten, ein bis zwei Jahre Fahrerfahrung sind erwünscht. Eine Vollkaskoversicherung ist empfehlenswert, sonst kann die Abwicklung bei einem Unfall langwierig und teuer werden. Roller (125 ccm) können mit normalem Pkw-Führerschein (Mindestalter 21 Jahre, 3 Jahre Fahrerfahrung) angemietet werden. Es lohnt sich, von zu Hause aus die Preise im Internet zu vergleichen und zu buchen.
Die **Promillegrenze** liegt auf Ibiza bei 0,5. Es besteht eine generelle **Anschnall- und Helmpflicht.** Mit **Flip-Flops** fahren ist ebenso verboten

wie **oben ohne.** Achtung, es wird in der Saison viel kontrolliert! Die **Höchstgeschwindigkeit** für den Autoverkehr beträgt 80 km/h auf Landstraßen und 50 km/h innerhalb von Ortschaften.
Mietwagenvermittler
www.billiger-mietwagen.de
www.mietwagenmarkt.de
www.check24.de

Günstige Vermieter vor Ort sind beispielsweise Moto Bahia (T 971 34 50 78, www.motobahia.com, ab 40 €/Tag, bringt den Wagen auch zum Flughafen) oder Moto Luis (T 971 34 05 21, www.motoluis.de).

Taxis
Taxistände gibt es am Flughafen und allen größeren Ortschaften. Bestellungen funktionieren auch kurzfristig zuverlässig über die App TaxiClick. Offizielle Taxis haben hinten ein blaues Kennzeichen. Freie Taxis leuchten grün. Der Grundpreis beträgt 4 € (bei telefonischer Bestellung 5,45 €), die Fahrtkosten betragen 1,21 €/km von 7 bis 21 Uhr, 1,47 € von 21 bis 7 Uhr sowie an Sonn- und Feiertagen. Die Preise variieren je nach Verkehr und Tageszeit: Flughafen–Ibiza-Stadt 20–25 €, Flughafen–Santa Eulària 30–40 €, Flughafen–Sant Antoni 30–40 €.

Busse
Unter https://eivissa.tib.org finden Sie alle Busverbindungen der Insel mit den aktuellen Fahrplänen. Im Sommer fahren Busse häufiger als im Winter. Im Sommer bestehen auch Shuttle-Verbindungen zu den größeren Strandbuchten wie Cala Comte oder Cala Bassa (▶ S. 49). Es ist inzwischen nicht mehr besonders mühsam, sich mit dem Bus fortzubewegen. Fahrräder werden grundsätzlich nicht mitgenommen. Nachteulen können den Wagen stehen lassen und den **Discobus** (www.discobusibiza.com) nutzen, der in der Saison die großen Diskotheken mit den Urlaubsmetropolen verbindet: Eivissa (Port d'Eivissa), Santa Eulària (Avinguda Dr. Gotarredona), Sant Antoni (Estació de Sant Antoni), Sant Rafel sowie Platja d'en Bossa.

NACHHALTIG REISEN – DER UMWELT ZULIEBE

Die Umwelt schützen, die lokale Wirtschaft fördern, intensive Begegnungen ermöglichen, voneinander lernen – nachhaltiger Tourismus übernimmt Verantwortung für Umwelt und Gesellschaft. Auf Ibiza und Formentera bleiben Sie möglichst immer auf Pfaden und Wanderwegen, halten Sie Rastplätze sauber und nehmen Sie Ihre Abfälle wieder mit, gehen Sie nicht durch bewirtschaftete Felder und pflücken nicht fremdes Eigentum, lassen Sie Hunde an der Leine, zünden Sie kein Feuer an und fahren Sie nicht mit dem Motorroller oder Mountainbike in die Dünen. Weitere Infos unter:
www.fairunterwegs.org: ›Fair Reisen‹ anstatt nur ›verreisen‹ – der schweizerische Arbeitskreis für Tourismus und Entwicklung erklärt, wie das geht, und gibt Infos zu Reiseländern in der ganzen Welt.
www.forumandersreisen.de: Die 150 Reiseveranstalter des Forums bieten ungewöhnliche Reisen weltweit, Nachhaltigkeit wird durch einen gemeinsamen Kriterienkatalog gewährleistet.
www.sympathiemagazin.de: Länderhefte mit Infos zu Alltagsleben, Politik, Kultur und Wirtschaft sowie Themenhefte zu den verschiedenen Weltregionen, zu Umwelt, Kinderrechten und Globalisierung.
www.tourism-watch.de: vierteljährlicher Newsletter mit Hintergrundinformationen zum Tourismus weltweit und Themenseiten zu Kultur, Religion und Menschenrechten im Tourismus

O-Ton Ibiza

Hola, com va això?

Hallo, wie geht's?

Em dic ...

Com es diu, vostè?

Ich heiße ...

Com et dius?

Wie heißen Sie?

Wie heißt Du?

Diga me.

TE QUIERO!

Sag schon.

sí/no

Ich liebe Dich!

ja/nein

(Esta noche) Todo es possible en Domingo ...

Porque te vas?

(Heute nacht) Sonntags ist alles möglich ...

Warum gehst Du schon?

Cojons!

Perdoni.

Verdammt!

Entschuldigen Sie bitte.

Register

A
Adlib 24, 74
Agroturisme Can Pujolet 64
Agroturisme Can Talaias 74
Aigües Blanques 77
Akasha (Club) 75
A Mi Manera 89
Amnesia 8, 30, 32, 48
Ankunft 108
Apotheken 108
Ärzte 108
Atlantis 47
Atzaró Agriturismo Hotel 90
Autofahren 112

B
Balàfia 4, 92
Bambuddha 10, 88
Bar Lumbi 45, 48
Behinderte 110
Benjamin, Walter 56, 92, 120
Beso Beach 97, 99
Blue Marlin 48
Bodega Terramoll 106
Busse 113

C
Caballé, Montserrat 32
Café Caleta 44
Café del Mar 5, 58
Cala Bassa 49
Cala Benirràs 5, 69
Cala Boix 77
Cala Carbó 49
Cala Codolar 49
Cala Comte 5, 49
Cala d'en Serra 73
Cala de Sant Vicent 73
Cala d'Hort 49
Cala En Baster 102
Cala Es Bol Nou 46
Cala Gració 62
Cala Mastella 77
Cala Molí 49
Cala Salada 62
Camí de Benimussa 50
Camí Romà 105
Camping Playa de Cala Nova 77
Can Curune 89
Can Guimo 88
Can Jordí Blues Station 49
Can Maymó 66
Can Muson de sa Villa 89
Can Tixedo Art Café 29
Cap d'Albarca 64
Cap d'es Falcó 40
Casa Can Jondal 44
Castell Romà de Can Blai 105
Chill-outs 44, 59, 61, 71, 85, 88
Chiringuito Briss 102
Chiringuito Escondia 5
Chiringuitos an der Platja de Migjorn (Formentera). *s.* Platja de Migjorn
Codice Luna 107
Costa 4
Cova de Can Marçà 68
Cova de ses Fontanelles 62
Cova Foradada 107
Cova Santa 48

D
DC-10 8, 37
Dews, Chris 120
Diplomatische Vertretungen 108
Discobus 28, 113
Drag Queens 26
Dylan, Bob 105

E
Eivissa 6, 16
– Angel's Shop 25
– Annie's 24
– Baluard de Santa Llúcia 17, 23
– Baluard de Santa Tecla 16
– Baluard de Sant Bernat 16
– Baluard de Sant Jaume 17
– Baluard de Sant Jordi 16
– Baluard de Sant Pere 17
– Born 25
– Café Mar y Sol 20
– Ca N'Alfredo 20
– Capilla de Sant Ciriac 22
– Carrer de Pere Tur 22
– Casa Broner 16
– Castell Almudaina 21
– Chidas bar+cantina 24
– Convent de Sant Cristòfol 22
– Dalt Vila 6, 8, 16, 21
– Dilo 25
– Divina 24
– El Olivo Mio 20
– Es Puig des Molins 8, 17
– Es Tap Nou 20
– Fruteria 20
– Holala 24
– Hostal marblau 19
– Hotel Cenit 19
– La Brasa 24
– La Plaza 18, 20, 23
– La Taberna del Parque 25
– La Torre del Canónigo 18
– Locals Only 24
– Los Molinos 18
– Los Valencianos 20
– Lovy Ibiza 24
– Lune Rouge 23
– Madagascar 24
– Maison Le Vrai 24
– Marina Botafoch 6
– Marina Eivissa 26
– Monografisches Museum 17
– Museu Arqueológic d'Eivissa 21
– Museu d'Art Contemporani d'Eivissa (MACE) 16, 23
– Nachtführung 25
– Natura Ibiza 25
– Plaça de la Catedral 21
– Plaça del Parc 24

Register

- Plaça del Sol 16
- Plaça de sa Riba 20
- Plaça d'Espanya 23
- Plaça de Vila 23
- Portal de ses Taules 23
- Puig des Molins 17
- Punische Grabkammern 17
- Santa María de les Neus 21
- Sa Penya 7, 20
- Sa Vida 20
- Sidrería Poma 24, 25
- Simbiosis 24
- Taller Sa Penya 20
- Teatro Pereyra 24
- The Standard Ibiza 20
- Tourist-Information 25
- Urban Spaces Ibiza 19
- Ushuaïa Official Store 25
- Vermuteria Casa Lucas 25
- Vila Vins 24

El Bigote 11, 77
El Ministre 99
Es Boldado 11, 47, 48
Es Broll 4, 66
Es Cafè Casa Pepe 71
Es Caliu 88
Es Caló de Sant Agustí 105
Es Carmen 49
Es Cuieram 70, 73
Es Molí de Sal 99
Es Pins 89
Es Portitxol 64
Es Pujols 102
Es Savina 45
Estany Pudent 102
Es Vedrà 46
Es Xarcu 45
Experimental Beach 41

F
Fähren 77, 108, 112
Far de Barbaria 106
Far de la Mola 106
FKK 77
Flugzeug 108
Fonda Pepe 103
Formentera 5, 7, 8, 95

Formentera Guitars 103
Francisco Palau 46

G
Gay 37
Gesundheit 108
Goranov, Anatoli 20
Gropius, Walter 92
Grupo Ibiza 59 16

H
Hausmann, Raoul 92
Heaven's Gate 63
Herbst, Dora 120
Hï 8
Hierbas 10, 11, 24, 61, 63
Hippiemärkte 39, 74
Hippies 6, 7, 17, 39, 63, 70, 73, 74, 76
Hornby, Nick 7
Horse Valley 73
Hostal Cala Molí 49

I
Informationsquellen 109

J
Juan y Andrea 99
Jul's 49

K
Karthager 8, 17, 21, 46, 63, 70, 92, 120
Kayaking 111
Keramik 70
Klima 110
Kolumbus 120
Krankenhäuser 108
Kriminalität 111
Kumharas 61

L
La Moscarter 73
La Savina 97
Las Dalias 74, 77
Le Corbusier 92
»Lucia und der Sex« 106

M
Marina Botafoch 6, 26
Marina Eivissa
- Cappuccino Marina 26

- Dora Herbst 27
- El Hotel Pacha 26
- La Gaia 27
- Lío Ibiza 27
Markus Chef's Kitchen 89
Matutes, Abel 120
Mauren 7, 16
Médem, Julio 106
Meke 88
Mercat de Forada 29
Mercury, Freddy 32
Mietwagen 112
Mirador des Savinar 47
Mountainbike 51, 66, 67, 86

N
Nachhaltig reisen 113
Nachtwanderung 63
Nagai 88
North Ride Ibiza 73
Notfälle 111
Notruf 111

O
Oakenfold, Paul 32
Öffnungszeiten 110
Oldfield, Mike 120
Oleoteca Ses Ecoles 88
Olivenöl 61, 88

P
Pacha 8, 28
Padilla, José 58
Parasailing 111
Parken 16
Penya Esbarrada 63
Phönizier 7, 16
Plá de Corona 62
Planells, Mario 70
Platja de Llevant 98
Platja de Migjorn 5, 100
- Blue Bar 100
- Chiringuito Amagatai 100
- Chiringuito Bartolo 100
- Chiringuito Gitana 100
- Chiringuito Karai 100
- Chiringuito KM11 100
- La Fragata 101
Platja d'en Bossa 6

Register

Platja d'es Bol Nou 44
Platja de ses Illetes 98
Platja des Jondal 10
Platja Es Pinet 61
Platja Ses Salines 37
Playa Pinet 61
Portale und Blogs 110
Port d'es Torrent 56, 61
Portinatx 69
– La Cigüeña 72
– Rebrots 72
Posidonia-Wiesen 37
Preise 11, 112
Privilege 32. s. Sant Rafel de la Creu: UNVRS (Ex-Privilege)
Puig de sa Pega 50
Puig Gros 50
Punta Arabí 74
Punta de sa Galera 62
Punta Galera 61

Q
Quarton (›Karton‹, Viertel) 6

R
Radfahren 66, 73, 86, 111
Rampling, Danny 32
Reisezeit 110
Reiten 73
Restaurant Road 10, 88
Restaurants 11
Riquer Arabí, Antonio 22
Römer 7, 16, 21, 63, 105
Rosberg, Nico 120
Roselló, Pepe 120
Ruiz, Angel 20

S
Sa Caleta 8, 44, 46
Sa Caleta (Lokal) 11, 44
Sa Capelleta d'en Serra 50
Sa Cova 66
San Miquel de Balansat
– La Luna ne'll Orto 69
– Pizza Brothers 69
Santa Agnès 63
Santa Agnès de Corona 64
– C'an Cosmí 63, 64
– Església Santa Agnès de Corona 64
– Sa Palmera 64
Santa Eulària des Ríu 6, 41, 81
– Aguas de Ibiza 80
– Aiyanna 85
– Amante 84
– Bodega Ribas 85
– Café Sidney 81
– Carrer de Sant Vicent 81
– Casa Colonial 84
– Ca's Catala 80
– Ca's Pagès 85
– El Naranjo 84
– Església Es Puig de Missa 82
– Finca Ecologica Can Musón 85
– Golf de Ibiza 86
– Hämbre 84
– Kandani 86
– LU•UM 85
– Maymanta 84
– Mezzonotte 84
– Museu Etnogràfic d'Eivissa Can Ros 83
– Plaça Isidor Macabich 80
– Puig de Missa 82
– Sala Barrau 80
– Soulgood 85
– The Royalty Café 81
– Touristen-Information 86
Santa Gertrudis de Fruitera 86
– Costa 87
– Le petit Atelier nº74 91
– Overall 87
– Parada 91
– Santa G. Bagel House 87
– Sense 87
– Siempre 91
– Te Cuero 91
Sant Agustí des Vedrà 53
Santamaria, Antonio 32
Sant Antoni
– Es Tragón 56
Sant Antoni de Portmany 6, 56, 73
– Café del Mar 58
– Café del Mar Fashion 25, 60
– Café Mambo 61
– Can Rich 60
– Eden 61
– Es Paradis 61
– Es Rebost de Can Prats 57
– Es Ventall 57
– Golden Buddha 61, 64
– Hostal Florencio 56
– Mint Lounge Bar 61
– Pikes Ibiza 64
– Plastik-Ibiza 64
– Rincón de Pepe 60
– Rita's Cantina 60
– Sa Capella 56
– Space Eat & Dance 57
Sant Carles 74, 76
Sant Ferran de ses Roques 102
– Bar Verdera 103
– Can Forn 103
– Fonda Pepe 97, 103
– La Tortuga 97, 103
– Macondo 103
– Peyka 103
Sant Francesc Xavier 103
– A Mi Manera 104
– Bona Espina 104
– Sa Farmacia 104
– Touristen-Information 105
Sant Joan de Labritja 6, 72
– Om Sweet Home 76
– The Boathouse 76
– The Giri 76
– Vista Alegre 73
Sant Josep de sa Talaïa 6, 52
– Bar Destino 51, 52
– Can Bernat Vinya/Raco Verd 52
– Chiringuito Escondida 53
– El Sol de Siena 52
– Jardins de Palerm 52
– Sunset Ashram 53

Register

Sant Llorenç de Balàfia 92
Sant Mateu d'Albarca 64
– Agroturisme Can Pujolet 64
– Juntos House 65
– Ses Casetes Art Café 65
Sant Miquel de Balansat 65
– Can Sulayetas 69
– Donnerstein 68
– Mira by Gathering 69
Sant Rafel de la Creu 29
– Amnesia 30
– Asado Can Pilot 29
– Can Lluc 29
– Can Tixedo Art Café 29
– Cerámicas Icardi 30
– Côtô Ibiza 33
– Hipódromo de Sant Rafel 29
– Kinoto 30
– Underground ›U‹ 30
– UNVRS (Ex-Privilege) 9, 22, 30, 32
Sa Punta des Molí 56
Sa Talaia 50
Schlammlagunen 99
Ses Països de Cala d'Hort 46
S'Espalmador 97, 98
Ses Salines 37, 40
– Beso Beach Ibiza 39
– Boutique Hostal Salinas 38
– Ca'n Pep Tixedó 39
– Chiringay 37, 38
– El Chiringuito 37, 38
– Flohmarkt Ibiza Rastrillo 39
– Hï 39
– Jockey Club 39
– La Escollera 38
– Malibú Beach Club 39
– Platja ses Salines 37
– Salinas Marine Center 37
– Sa Trinxa 39
– Torre de ses Portes 37
– Vins de Tanys Mediterranis 39
Sicherheit 111
S'Illa des Bosc 48
S'Illot des Rencli 76
Space Ibiza 8, 39
Spanische Fremdenverkehrsämter 109
Sport und Aktivitäten 111
Stand-up-Paddling 111
Steuern 112

T
Talaïa de Sant Josep 50
Talamanca 31
– Bar Flotante 35
– Bellamar 35
– Cala Bonita 36
– Ca n'Arabí 34
– Can Jaume 34
– Chambao 35
– Fish Shack 36
– Hostal Talamanca 34
– Sa Punta 36
– Simbad 35
Tanit 17, 70, 120
Tauchen 111
Taxis 113
Terry-Thomas 74, 120
Torre del Pirata 47
Torres de Balàfia 92
Trommeln 65
Tropicana 45

U
Übernachten 112
Unio Ibiza 49
Ushuaïa 8

V
Vandalen 7, 16
Väth, Sven 30, 33
Verkehrsmittel 112
Volkstanz 68, 80

W
Wandern 50, 62, 63, 64, 67, 71, 73, 102, 105, 109, 111
Wasser 66
Wein 24, 60, 66, 106
Wellness 80

Y
Yemanjá 45
Yoga 31, 45, 68, 69, 84, 111

Z
Zweiräder 98, 112

Das Klima im Blick
Reisen bereichert und verbindet Menschen und Kulturen. Wer reist, erzeugt auch CO_2. Der Flugverkehr trägt in erheblichem Maße zur globalen Erwärmung bei. Wer das Klima schützen will, sollte sich – wenn möglich – für eine schonendere Reiseform entscheiden oder die Projekte von atmosfair unterstützen. Flugpassagiere spenden einen kilometerabhängigen Beitrag für die von ihnen verursachten Emissionen und finanzieren damit Projekte in Entwicklungsländern, die dort den Ausstoß von Klimagasen verringern helfen (www.atmosfair.de). Auch die Mitarbeiter des DuMont Reiseverlags fliegen mit atmosfair!

Kennen Sie die?

9 von 158 616 Ibizenkern

Nico Rosberg
Der Formel-I-Weltmeister von 2016 baut auf seiner Finca Bio-Obst an, das in der Eisdiele seiner Frau Vivian (Vivi's Creamery) zu köstlichem Eis verarbeitet wird.

Pepe Roselló
Mit dem elf Mal zum besten Club der Welt gekürten Space hat sich der Ibizenker unsterblich gemacht. 2022 eröffnete er das Space Eat & Dance am Sunset Strip.

Chris Dews
Der Engländer zählt zu Ibizas Pionieren im Bereich Nachhaltigkeit. 1993 eröffnete er bei San Josep das ökologische und komplett autarke Modellzentrum Casita Verde.

Abel Matutes
Der ehemalige Außenminister Spaniens ist ein Lokalmatador auf Ibiza, der Diskotheken (Hï, Ushuaïa, UNVRS/Ex-Privilege) und Hotels besitzt und häufiger durch Skandale aufgefallen ist.

Dora Herbst
Die deutsche Fashion-Ikone kreierte in den 1970er-Jahren Ibizas typische Adlib-Mode und trug sie mit Boutiquen (u. a. in New York) in die Welt hinaus. Noch heute hat sie einen Shop in Botafoch.

Walter Benjamin
Der bei den Dorfbewohnern beliebte *filosofo Alémán* lebte zweimal in Sant Antoni im Exil und verliebte sich bei der Gelegenheit in eine niederländische Künstlerin.

Mike Oldfield
Der britische Instrumental-Popmusiker hat hier eine Ferienvilla und widmete das Cover seines Album »Voyager« dem Meeresfelsen Es Vedrà.

Tanit
Die punische Fruchtbarkeitsgöttin machte sich bei den Karthagern um fruchtbare Ernten und Nachwuchs verdient und wird auf Ibiza bis heute verehrt.

Kolumbus
Der Legende nach wurde der Entdecker des amerikanischen Kontinents auf Ibiza geboren – deswegen gibt es in Sant Antoni ein Denkmal (Bild) und in Eivissa ein Archiv.

Bildnachweis | Impressum

Bildnachweis
Titelbild: Torre des Savinar und Felseninsel Es Vedrà in der Abenddämmerung
Umschlagklappe hinten: Warten auf den Sonnenuntergang
Dora Herbst, Eivissa (ES): S. 120/5
Getty Images, München: S. 59 (Alex Segre); 120/4 (Fotonoticias/WireImage); 62 (Michele Falzone); 48 (Raquel Maria Carbonell Pagola); 33 (Victor Spinelli)
Huber-Images, Garmisch-Partenkirchen: S. 99, 109 (Hans-Peter Huber); 76 (Reinhard Schmid)
iStock.com, Calgary (CA): S. 66 (CasarsaGuru); 32 (DisobeyArt); 7 (Eivaisla); 87 (jstankiewiczwitek); 8/9 (Juergen Sack); 17 (MariaMarcone)
laif, Köln: S. 120/6 (Archivio GBB/Contrasto); 83 (Frank Tophoven); 11 (Gunnar Knechtel); 4 u. (Hedda Eid); 60 (Rudolf Wichert); 65 (Thomas Rabsch)
Lookphotos, München: Umschlagklappe vorn (Ingolf Pompe)
Marcel Brunnthaler, Ibiza (ES): S. 14/15, 23, 24, 37, 72, 101, 102, 120/3
MATO, Hamburg: S. 94/95 (Anna Serrano); 78/79 (Reinhard Schmid)
Mauritius Images, Mittenwald: S. 96/97 (age fotostock/Eva Parey); 41 (age fotostock/Gonzalo Azumendi); 82 (age fotostock/Nano Calvo); 30, 53, 86 (age fotostock/Tolo Balaguer); 47 (Alamy/Carlos Boned); 71 (Alamy/David Kilpatrick); 75 (Alamy/Eddie Linssen); 120/9 (Alamy/Guichaoua); 31 (Alamy/Heiko Wolfraum); 38 (Alamy/Jam World Images); 120/8 (Alamy/Lanmas); 120/7 (Alamy/Mirrorpix/Trinity Mirror); 4 o., 67, 89, 107 (Alamy/Nano Calvo); 104 (Alamy/Sergi Reboredo); 45 (Alamy/Stockimo/Meadows); 42/43, 93 (Alamy/Stuart Pearce); 110 (imagebroker/Norbert Eisele-Hein); Umschlagklappe hinten (Stockbroker RF); Umschlag, Faltplan (Stuart Pearce); 84 (Westend61/Daniel Simon)
Monica Gumm, Hamburg: S. 21, 68, 91
Paco Rocha, Santiago de Compostela (ES): S. 120/2
Shutterstock.com, Amsterdam (NL): S. 28 (lunamarina); 120/1 (motorsports Photographer)
stock.adobe.com, Dublin (IE): S. 50 (goodluz); 35 (lulu); 54/55 (lunamarina)
Zeichnungen: S. 5 u., 5 o. (Antonia Selzer, St. Peter); 3 (Gerald Konopik, Mammendorf)

Kartografie: © KOMPASS-Karten GmbH, A-6020 Innsbruck;
MAIRDUMONT, Postfach 3151, D-73751 Ostfildern

Lob oder Kritik? Wir freuen uns auf eine Nachricht! Trotz gründlicher Recherche schleichen sich manchmal Fehler ein. Wir bitten um Verständnis, dass der Verlag dafür keine Haftung übernehmen kann.
Redaktion DuMont Reise • MAIRDUMONT, Postfach 3151, 73751 Ostfildern
info@dumontreise.de, www.dumontreise.de

DuMont direkt Ibiza, 4., aktualisierte Auflage 2025
ISBN 978-3-616-00110-4
© MAIRDUMONT, Postfach 3151, 73751 Ostfildern
Alle Rechte vorbehalten
Text: Marcel Brunnthaler, Patrick Krause
Redaktion: Sebastian Schaffmeister, Britta Rath
Bildredaktion: Stefan L. Scholtz
Gestaltung: Eggers+Diaper, Potsdam
Printed in Poland